世图心理

博客：http://blog.sina.com.cn/bjwpcpsy
微博：http://weibo.com/wpcpsy

让孩子爱上学习

厌学问题的家庭治疗

李旭 ○ 著

世界图书出版公司
北京·广州·上海·西安

图书在版编目（CIP）数据

让孩子爱上学习：厌学问题的家庭治疗 / 李旭著. —北京：世界图书出版有限公司北京分公司，2021.12
ISBN 978-7-5192-8805-1

Ⅰ.①让… Ⅱ.①李… Ⅲ.①学习方法—家庭教育 Ⅳ.①G791②G78

中国版本图书馆CIP数据核字（2021）第151396号

书　　名	让孩子爱上学习：厌学问题的家庭治疗
	RANG HAIZI AI SHANG XUEXI
著　　者	李　旭
策划编辑	李晓庆
责任编辑	李晓庆
装帧设计	黑白熊
出版发行	世界图书出版有限公司北京分公司
地　　址	北京市东城区朝内大街137号
邮　　编	100010
电　　话	010-64038355（发行）　64037380（客服）　64033507（总编室）
网　　址	http://www.wpcbj.com.cn
邮　　箱	wpcbjst@vip.163.com
销　　售	新华书店
印　　刷	三河市国英印务有限公司
开　　本	880mm×1230mm　1/32
印　　张	11
字　　数	300千字
版　　次	2021年12月第1版
印　　次	2021年12月第1次印刷
国际书号	ISBN 978-7-5192-8805-1
定　　价	59.80元

版权所有　翻印必究
（如发现印装质量问题，请与本公司联系调换）

谨以此书献给赵艳女士

序一

不要让孩子厌恶世界，更不要让孩子厌恶自己

厌学，是目前中国社会的一大问题，让无数中国孩子、父母和学校头疼不已。这是不可避免的事情，因为应试教育体系和社会竞争体系的压力越来越大，必然会有一个对立面出现。那么，该如何应对厌学这件事情呢？我的北大同门师兄李旭老师，在这本书给出了一个完整的应对策略。

我和李旭师兄就厌学这个话题讨论过多次，深深感觉到，这是他擅长的领域。他之所以擅长这个领域，是因为他在这个领域深耕多年，并且对厌学这个话题有一种发自潜意识深处的热情。如果你被这个话题困扰，或对这个话题感兴趣，这本书值得一读。

关于厌学，我讲讲我的理解。

很多人会做一种梦——考试梦。这是经典的与焦虑相关的梦，而所有焦虑背后，都是对死亡的恐惧。死亡不仅仅是身体的死亡，还有精神的死亡。人一生只有一次身体的死亡，而精神的死亡可以发生很多次，甚至时时刻刻都在发生。

在考试梦中，通常自己是考生，有一个真实或若隐若现的考官。考试梦的基本内容是：考官给考生出了一道考试题，如果考生过关了，就会被考官所接纳，如果没过关，就会被考官所否认。

有一个男孩，他喜欢画漫画。在他的一组漫画中，所有人脸上都刻着"及格"两个字，唯独男主角没有。不是因为他得以幸免，而是因为他"不够格"。他少了一条胳膊、一条腿，是残疾人，没有机会被认证为"及格"。在现实中，这个男孩是一个非常帅的小伙子，但他这种"不够格"的感觉简直深入骨髓！

不够格，可以说体现的是一种深深的自我厌恶，即一个人自己觉得自己不配为人，甚至不配活在这个世界上，因为觉得"我太差了"。

家长、老师和学生自己需要意识到，和对学习的厌恶相比，这种对自我的厌恶是更需要警惕、更需要疗愈的部分。

我曾接待过一些厌学的来访者。因为我不接14岁以下的来访者，所以这些厌学的来访者多是高中生和大学生，其中还有来自顶级大学的。他们都不能在学校里正常学习，不得已选择了休学，甚至退学。他们无一例外，都是家长带过来找我做咨询的。家长非常着急，而这些孩子则一副自暴自弃的样子。无一例外，家长的动机都是希望通过咨询，帮助孩子回到学校、好好地应付学业。

一些孩子拒绝见咨询师，于是咨询的对象就变成了家长。一些孩子愿意来找咨询师。咨询没多久后，我就会无比深切地发现，这些孩子的问题是他们的自我几近瓦解，他们的精神乃至身体都处在死亡的边缘。这是无比深重的危机，而家长却对这一点严重忽视，只重视孩子的学业这种现实问题。当然这种重视也是有意义的，毕竟人是需要进入现实社会、找到自己的立足点、闯出自己的一片天地的。然而，家长只能看到这种现实意义，看不到孩子内在的危机。这些家长作为孩子生命中最初的考官，只重视孩子能不能通过自己设立的考题，而对孩子自身的意愿、意志、渴望等精神的象征视而不见。

在考试的隐喻中，考官其实有两种，一种考官，我称之为绝对禁止性的考官，另一种考官则是以考生为中心的考官。

绝对禁止性的考官是以考官自己的意志为中心的，对考生到底是怎么回事、是什么水平不关心。他们关心的是考生能否答对符合自己意志的考题。这种考官就像传说中古希腊的大盗，会把他抓住的人放到一张床上。如果这些人的身体比这张床大，就砍掉一截；如果身体比床小，就把他们的身体拉长。总之，人的身体大小要和床的大小一样。

可以说，这样的考官对于考生本身并不关注，他们只关注考生是否符合自己设立的标准。很遗憾，我们遇到的考官，无论是家长还是老师，多是此类。

另一种考官则是以考生为中心的。他们也会出考题，但他们的考题是在真实地在衡量考生的水平，而且真的是关注考生自己的人生命题。这种考官会控制自己，不会给考生出太多题，因为考生自己也有自己的人生命题（实际上可能是超级苛刻的考题）。这种考官会帮助孩子明白，不必对自己如此苛刻，因为自己本身就是好的。

像小孩子这样的考生最初是缺乏时间感和空间感的，希望自己能马上、完美地通过各种考试。这时候，这种成熟的考官就会帮助孩子明白，多数考试并不重要，人生中重要的考试寥寥无几，而且还有时间和空间存在，人可以通过时间的累积和空间的变换通过那些重大的考试。

总之，后一种考官会帮助孩子明白，不管考试成绩怎样，都要对自己有信心，都要爱自己。

相反，绝对禁止性的考官，会给孩子传递这样的信息：只要你没有通过我的考试，你就是不够格的考生，你不值得，这样的你是可恶的……

李旭老师在他的咨询中发现，厌学的孩子和其家庭存在两个关键问题：厌学孩子的自我功能被破坏了，即他们的自我不能正常运转，不能应对基本的现实问题；厌学孩子的家庭的功能早就被破坏了，即这样的家庭不能做孩子的容器，父母做不到支持自己的孩子，甚至还是孩子自我的破坏者。

李旭老师工作的重点是帮助家长恢复孩子的自我功能和家庭功能，从而让孩子逐渐能够应对学业这个现实问题。

我听李旭老师分享过多个个案，他处理得非常有耐心、有智慧。我觉得，家长愿意面对自己的问题、愿意承认"我错了""我们的家庭出问题了"，能够更好地支持孩子、帮助孩子恢复自我功能，可以最终让孩子愿意重新面对学业。孩子不能面对学业等基本现实问题通常意味着：他们厌恶外部世界、厌恶自己。所以处理厌学问题并不仅仅是在现实层面工作，也是在帮助孩子重新接纳自己、爱上自己，进而重新拥抱外部世界。

李旭老师的"六步法"的侧重点是促进家长在现实层面、在日常互动中，与孩子建立新的情感和认知模式，让孩子首先在最亲密的父母那里得到足够的接纳和爱，重新塑造自我接纳的内在世界，重新唤起对外界和学习的兴趣与动力。对于很多固执己见的家长来说，这个过程是艰难的，李旭老师的努力帮助他们走出了关键的第一步。

武志红

知名心理学家

畅销书作家

"看见心理"创始人

《得到》热门专栏作者

序二

重新学习做父母

最近十年来，在临床心理咨询与治疗的实践中，越来越多的个案涉及孩子厌学的情况。和孩子一起面对厌学这个问题，正是父母重新学习做父母的重要机会。

在本书中，作者李旭博士提到，很多家长、老师会把厌学看成孩子的思想问题，其中包括懒惰、心理脆弱、过于敏感、抗挫折能力差、自制力差、缺乏意志力等。这种看法在心理学中属于内部归因，也就是说，认为问题之所以发生，是因为个体内在的因素影响。李旭博士提出了一个新的厌学定义：在孩子的学校学习过程中，家长没有能力帮助孩子克服学业及人际困难，导致孩子无法继续接受有效的学校教育。这个定义把表面上是孩子的问题，归结为家长教养能力的问题。这个定义是从系统角度对厌学问题的重新建构，属于外部归因。

有人可能会想，关于厌学，是李旭博士的外部归因对，还是家长原来的内部归因对呢？我不关注哪个是对的，而是会问家长："你怎么定义厌学这件事，这对解决问题有用吗？"

在李旭博士组织的"守望者国际夏令营"中，我曾给一些家长开展过团体工作坊，也做过一对一的心理辅导。有家长在仔细思考后告诉我："我们觉得自己原来的看法很有道理，但是无论怎样努力，都难以解决孩子的问题，甚至越努力，结果越糟糕。我们都对自己能解决孩子的问题感到绝望。"在学习了李旭博士的方法之后，家长脸上有了笑容。在全新理念和全新技能的帮助下，事情开始慢慢地向好的方向发展了。

本书是李旭博士多年理论学习和临床实践经验的总结。他把复杂的工作过程提炼为简单、清晰的六个步骤：第一步，探究厌学原因；第二步，反思家庭功能；第三步，柔化亲子关系；第四步，管理网络成瘾；第五步，启动学业目标；第六步，实施复学拉锯。其中改变孩子厌学问题的工作核心，就是对孩子加深理解，增强宽容与爱的力量。

我非常赞同李旭博士的理念。这六步的工作核心和难点就是父母对孩子的深入理解。这一代孩子的父母出生于二十世纪七八十年代。在他们的童年时期，中国还处在计划经济时期，生活物资贫乏。在接受教育的过程中，学生奉教师和家长为权威，学习压力也不大。而这一代的孩子生活物质丰富，思维开阔、灵活，对权威有独立的见解和平等的意识。家长像自己父母那代人一样，用自己成长经历中的经验来理解和教育孩子，这在今天的中国已经行不通了。家长唯一的出路，便是重新学习，掌握新的育儿技能，培养在未来社会能成功的孩子。

本书是一本非常实用的教材，可以帮助家长在飞速发展的新时代，重新学习做父母的技能，深入理解孩子，提升教养能力，促进家庭和谐。

刘丹博士
清华大学学生心理发展指导中心副主任
中国社会心理学会婚姻与家庭心理学专委会副主任委员
中国心理卫生协会家庭治疗学组常务副组长
德国德中心理治疗研究院副主席

序三

重返健康发展之路

孩子不想学了,家长就不想活了!

近年来,越来越多的孩子拒学问题开始出现。从厌学到恐学、拒学、休学,甚至退学,既困扰着孩子和家长,也困扰着社会;既是家长最头疼的事,也是专业工作者较棘手的活儿。

孩子拒学是一个小而专的研究方向。拒学孩子的比例在近十几年以来呈迅速上升之势,尤其是在一些高度发展的国家出现了生理毫无异常、足不出户、逃避社会的一群人,其中以十几岁的孩子居多。在一项关于拒学、恐学文献(自2011年以来所发表的一百多篇论文)的分析中,作者大体划分了四个研究方向:精神病理学研究、拒学的诊断和治疗、规模化问卷访谈调研及数据分析,以及学校、社会对拒学行为的干预。其中关于学校、社会对拒学行为的干预的文献是最少的。由此可见，发生率上升、干预方法不足是当下应对孩子拒学问题非常严峻的现实。

孩子厌学不仅仅是孩子个人的问题。有研究表明，学校可能是孩子厌学、恐学和拒学的诱发因素，但问题的源头在家庭中。有一种系统的观点是，孩子厌学、恐学和拒学的行为是其所处环境中各种关系交织在一起产生的结果，是家庭系统目前的互动模式持续外显的部分。这类行为背后可能隐藏着很多家庭潜在的没有解决的矛盾，因此可能是维持家庭关系的一种策略，也是解决当前家庭问题的最有效的办法、家庭寻求改变的最好契机，此外还是心理治疗师进入家庭的入口。

系统性的问题，需要用系统性的思维和系统性的方法来解决。本书正是系统思考的产物。首先，本书作者对孩子厌学提出了一个新的定义，即在孩子的学校学习过程中，家长没有能力帮助孩子克服学业及人际困难，导致孩子无法继续接受有效的学校教育。这个定义是从系统角度对厌学问题的新建构，是在强调将孩子的行为转化为家长的养育能力建设，调整家长与孩子在养育过程中的互动模式，把转化工作的核心从孩子转到父母，通过推动父母的改变，帮助孩子实现全面的突破。其次，作者给家长提供了六个相对容易理解、操作的步骤，希望帮助家长对厌学问题形成相对科学、系统的认知，全面调整与厌学孩子的互动，让家庭内部重新开始爱的流动，让每个家庭成员焕发出生命的活力。最后，作者给困惑、迷茫的家长提供了一个行动框架，这个行动框架逐层递进，又有内在的关联逻辑，能够让家长不因焦虑、恐慌而采取盲目行动，帮助家长在每一次尝试中，理解孩子、体验忍耐的痛苦、感受被遗弃和被遗忘的爱的感受，让家长在行动中学习和思考，不断努力和尝试，顺利走上通往成功的改变之路。

多年的临床实践让我们深知：对于厌学孩子最有效的方法是针对其家庭开展工作。核心的工作包括：降低父母的羞耻感、紧张和焦虑，让其成为有自信和安全感的父母；提升父母与孩子相处的信心，帮助父母找回活力、在亲子关系中重拾父母的角色和功能，尤其是让父亲角色回归核心家庭；解决家庭中未解决的冲突，打开家庭的"心结"；帮助父母激活各种资源，获得社会心理支持；为家庭提供专业资讯和心理服务，对家庭成员进行精神医学诊断与鉴别，给予家庭就学或就业支持，组织家长团体或父母聚会和参与同类群体的相关活动；等等。

　　青少年与父母的关系要比青少年的问题本身更重要。当家庭中出现厌学孩子的时候，家长和专业人员要理解孩子厌学是其在发展道路上遇到了无法解决的问题，孩子需要的是盟军的支持，不是控制和制裁，要把孩子成长过程中需要的信任、原谅、支持和成就感重新找回来、补回来，从长计议、不急功近利，学习承载和消化更多的焦虑，以更大的心理弹性和灵活性，尊重每一个孩子以其独有的方式和节奏发展。

　　总之，家人和专业人员通过提供一种可预见的环境，以及在调节张力、焦虑和情感上的帮助，可以促使厌学孩子重回正轨。如同那些经历过这样的过程的家长的切身体会，我觉得只有家长好好学习，孩子才能天天向上。

孟馥
中国心理学会首批注册心理督导师
中国心理卫生协会首批认证督导师
上海市心理卫生学会副理事长
同济大学附属东方医院临床心理科主任医师

自序

儿童、青少年的情绪与行为问题，一直是我临床研究与实践工作关注的重点。早在1999年，我就在北京大学心理系钱铭怡教授的指导下，完成了有关"青少年归因方式与父母教养方式关系"的研究。2000年，我和宾夕法尼亚大学心理系塞林格曼教授的学生俞大维博士一起，进行了中国儿童抑郁量表（CDI）的修订，并参与了俞大维博士组织的儿童青少年抑郁干预项目。涉足这些工作，让我对中国的儿童、青少年问题有了一定程度的认知。

从1999年到2003年，我还有幸参加了香港大学李维榕教授主办的结构派家庭治疗高级培训班。应该说，这个理论体系对我日后对于家庭的工作视角和工作方式产生了深刻的影响。

与此同时，随着网络时代的到来，中国的儿童、青少年因为网络成瘾导致的情绪和行为问题越来越突出。而此时的家长们，一方面要面对社会剧变给成年人带来的巨大压力；

另一方面，又要在中国特色的教育体系中实现阶层保持或跨越的目标。家长普遍在孩子教育问题的认识和解决上出现了巨大的认知断层。家长的焦虑情绪随处泛滥，身处漩涡中的孩子们则不知所措。

因为各种原因，直到2015年之后，我才将面向全年龄段的心理咨询和培训工作，逐步聚焦在面向儿童、青少年的心理咨询和培训上。到2018年，通过将认知行为方法与家庭治疗方法的整合，我逐步找到了从家庭系统入手，解决厌学问题的有效咨询方法，积累了不少成功案例。

为了让更多的家庭受益，我制作了一个面向大众的音频课程——帮孩子走出厌学、激发学习动力的大白六步法（后来改成"李旭博士六步治厌学"），放在了荔枝微课上。没想到，刚上线就获得不少家长的好评。紧接着，我又和武志红平台合作，制作了"父母好好学习，孩子天天向上"音频课，后更名为"26堂家庭教育课，激发孩子自主学习动力"。听众的反馈出乎意料地好，甚至有不少家长说："自己的孩子因为厌学待在家好长时间了，听了李博士的课，用了课中的方法，几次之后孩子就有所改变。"

这些反馈给了我极大的信心。仅仅是通过音频课，就能够让家长学习解决孩子厌学问题的方法，并起到这么好的效果，这说明我的"六步法"极有可能抓住了解决厌学问题的本质或是部分的本质。而且，面对越来越多的厌学问题，一对一的咨询效果虽然可靠，但是效率偏低。于是，我就围绕"六步法"的基本思路，开始了家长网络训练营的尝试。这个训练营的主要内容包括：定期视频直播、文字答疑、家长互助，专业的家庭访谈和一对一咨询。通过这种综合的方式，训练营中家庭的孩子，一年的改善率达到了百分之六十以上。所谓改善，就是孩子恢复正常作息，基本恢复学习动力。后来，赵艳老师又将她的家庭亲密关系重建体系引入训练营，一年改善率超过了百分之八十。如今，我们的"重返爱之路"家长训练营已经开办到第六期，三年内已经有数百个家庭获益。

这本书的内容与上述实践的进展同步，对大量厌学问题的咨询经验和家长的反馈进行提炼和总结，把家长和孩子改变的关键核心点呈现给大家。

一位家长写道："从'六步法'开始，我大概花了一年的时间，力量才慢慢生长出来，就是通过和老公散步时讨论，还有认真听课、做笔记，心里就有主心骨了。"她的孩子在家休学打了三年游戏，在家长学习"六步法"的第二年，就恢复学习，考入了大学。

根据家长们的反馈，"六步法"给他们最大的好处就是，当处在迷茫和混乱中时，他们有了可以着力的抓手。有了这个抓手，家长的心神就能安定下来，停止责备孩子，开始自我反思。很多家长说，"一旦柔化（六步法中的第三个步骤）工作开始后，家庭氛围会一下子好起来，让我们看到了希望"。第四个步骤网络管理是个难点，但是，很多家长在根据本书的指导进行操作之后，发现网络管理其实并没有想象中的那么困难。

第六个步骤是恢复学习动力的拉锯。这个阶段的难度更大，对家长的沟通能力、夫妻的配合能力，都提出了更大的挑战。但同时，我也给出了更多简单、有效的应对方法。基本上，只要家长能够放下自己大脑中固化的观念，认真按照书中提供的简单、有效的方法去执行，就能收获超乎想象的效果。

应该说，本书能够给处于轻度到中度厌学问题的家庭的家长提供有效且易执行的操作指南。对于问题严重的家庭，也能够赋予家长明确的方向和指引。

最后，我要感谢在"六步法"指导下重获新生的家庭，是你们的勇气和充满爱的实践给了我出版此书的动力。

衷心感谢我的中美家庭治疗班的同门孟馥教授、北大心理系研究生的同门武志红先生、清华大学学生心理指导中心的刘丹女士为本书作序。

衷心感谢世界图书出版公司的李晓庆编辑、梁沁宁主任为本书出版所做的杰出贡献。

李旭　精神医学博士

于上海兆丰广场

2021年8月30日

联系电子邮箱：1813561309@qq.com；
微信公众号：李旭博士六步治厌学
视频号：李旭博士六步治厌学

目 录
CONTENTS

引言 ··· 001

第一章　探究厌学原因 ·· 001
　一、厌学是孩子发出学业求助的信号 ····················· 003
　二、厌学是孩子希望减少伤害的信号 ····················· 008
　三、厌学是习得性无助的信号 ······························ 012
　四、厌学是孩子渴望关注的信号 ··························· 016
　五、厌学的孩子是家庭的替罪羊 ··························· 023
　六、厌学是创伤的后遗症 ···································· 029
　七、厌学原因探究问卷 ······································· 033

第二章　反思家庭功能 ·· 037
　一、深陷沼泽的家庭 ·· 039
　二、宣泄情绪还是解决问题？ ······························ 045

三、选择亲密还是疏远? ……………………………… 048
　　四、选择包容还是控制? ……………………………… 054
　　五、内心认同还是否定? ……………………………… 060
　　六、"三角关系"对孩子的影响 ……………………… 067

第三章　柔化亲子关系 …………………………………… 081
　　一、粗暴会导致无望的循环 …………………………… 084
　　二、柔化关系是一切的起点 …………………………… 086
　　三、父母道歉是柔化关系的第一步 …………………… 089
　　四、实施"全方位溺爱" ……………………………… 096
　　五、柔化不等于纵容 …………………………………… 102
　　六、每周记录孩子的三个闪光点 ……………………… 105
　　七、积极恢复家庭功能 ………………………………… 111
　　八、用奇迹才能创造奇迹 ……………………………… 124
　　九、相信孩子有成长的愿望 …………………………… 128

第四章　管理网络成瘾 …………………………………… 131
　　一、家庭功能的试金石 ………………………………… 133
　　二、网络成瘾，预防为先 ……………………………… 136
　　三、网络管理的三步骤
　　　　（建议在心理治疗专业人员的指导下实施）……… 142

四、成功的网络管理案例……154

五、注意事项……162

第五章　启动学业目标……165

一、亲子关系变好了，为什么孩子还是不愿意上学？……167

二、有目标才有会有动力……171

三、如何与孩子谈学业目标……179

四、早做正确的学业决策……189

五、谨慎做出换学校的决策……192

六、所谓的"健康快乐观"……201

七、家庭学业决策实例……204

第六章　实施复学拉锯（上）……209

一、拉锯是消除隔阂的摆渡船……211

二、成功拉锯的策略……214

三、拉锯方程式……222

四、越控制，越伤心……229

五、深度对话是拉锯的润滑剂……234

六、积极回应的力量……238

七、掌握拉锯过程中的灵活性……244

第七章　实施复学拉锯（下） ……………………… 253
　一、家长如何为复学做准备？ ………………………… 255
　二、对孩子的退步保持淡定 …………………………… 265
　三、拉锯的过程需要家长稳定和悉心的陪伴 ………… 272
　四、拉锯过程其实是家长改变思维方式的过程 ……… 281
　五、帮助孩子应对挫败事件 …………………………… 288

结语　重塑关系，面向未来 ……………………… 295
　一、重建依恋是改变厌学的核心 ……………………… 297
　二、家庭复兴的法则 …………………………………… 304

引言

寻找新的道路

当孩子突然不上学,不是一天两天,而是一周两周时,很多家长才终于慌张起来。他们不明白孩子身上到底发生了什么,让他们居然不去上学了!几次考试不理想,至于吗?老师批评了几次,至于吗?和同学闹得不愉快,至于吗?身体不舒服,至于吗?想打游戏,至于吗?

家长从一开始感到震惊,到控制不住暴怒,然后威逼利诱、软硬兼施,到最后无计可施,无奈地在孩子面前败下阵来,迷茫而不知所措。

当外在因素无法解释这件事的时候,家长不得不开始将视角转向孩子的内心世界。这时候,家长才发现,孩子的内心世界、孩子的真实感受恰恰是他们一直以来忽视的、从未真正关注过的,对他们来说是陌生的、难以理解的,像黑洞一般深不可测,让他们感到心慌、惭愧。通往孩子内心世界的路早已被"家庭杂草"——日常烦恼、负面冲突——所掩盖。

无奈之下,很多家长想起了心理老师。他们将孩子带到心理老师面前,自己躲得远远的,希望奇迹发生。没有家长参与的咨询,其效果往往会大打折扣。甚至因为有些心理老师推崇"家长完全放手"的理念,让家长给孩子使用手机的权利,结果让孩子和家长陷入更深的泥潭之中。

也有不少家长带孩子去医院,试图让医生给出诊断,要一个说法,因为如果孩子被诊断为抑郁症,至少这是一个已知的、确定的东西。大部分精神科医生通常会如家长所"愿",根据孩子的表现,做出相应的精神科诊断,并给出药物治疗的方案。然而,虽然这些药物会有一定的效果,但是如果没有同时进行有效的心理治疗,那么药物治疗的效果就会非常有限,还会耽误家长进行真正有效的心理反思和行为调整。

当所有的努力都没有结果的时候,很多家长会选择继续对孩子愤怒,对配偶绝望和疏远,继续营造冰冷、阴郁的家庭氛围。孩子渐渐丧失所有的机会,家长也开始哀叹自己命运不济,预测老年生活的凄苦。然而,这些家长从来没有想过要真正改变自己对教育的执念。

另外,有一些家长开始意识到事情没有那么简单,自己需要安静下来,放弃一贯对待孩子的方式,找到一个正确的思考方向。于是,他们开始了反思和改变的旅程。这段旅程往往非常艰难,但非常值得,因为如果走过这段路,那么家长会在孩子的引领之下,真正开始成为崭新的"妈妈"、崭新的"爸爸",体验到崭新的家庭生活。

来自专业的认知

很多家长、老师会把厌学看成一般性的思想问题,比如懒惰、心理脆弱、过于敏感、自制力差、缺乏意志力等。

从精神病学或临床心理学的专业角度来看,厌学并不是一个专有名词,只是对青少年某类行为现象的笼统描述。另外一个看起来更专业的名词是"学校恐惧症",但这个名词也没有被纳入国际或国内的疾病分类方案和诊断体系。原因就是这个问题的发生机制和转归过程比较复杂,学界并不认为这是一个单一的病种。与厌学密切相关、内涵相对狭窄的诊断有"青少年焦虑障碍""青少年抑郁症""网络成瘾"等。因此,大部分厌学的孩子会有一种到多种心理疾病,伴有较强的痛苦体验，同时伴有社会功能明显减退。

孩子厌学早期在学校表现为学习动力下降，情绪不佳，与老师、同学产生冲突，作业完成情况不好，考试成绩下降明显。期间还会与家长发生比较剧烈的冲突。一般在这些情况出现半年到一年之后，孩子就会出现拒绝上学的情况。拒绝上学前可能会有一些小的诱发因素出现，例如被老师批评、没有通过小测验、和妈妈产生冲突等。也有一些孩子在没有遇到明显诱因的情况下就开始不去上学，开始可能是几天，最后发展为完全不去学校。

在拒绝去上学后，孩子对学习的兴趣完全丧失，拒绝进行任何学习行动，伴有严重的焦虑、抑郁。部分有严重抑郁情绪的孩子还会有反复发作的自杀、自伤意念和行为，在行为上对学校环境、老师、同学回避。大部分厌学孩子在拒绝学习前后都会出现网络成瘾情况，这导致他们作息紊乱，长期拒绝洗澡、理发等。

绝大多数厌学的孩子并没有道德品质的问题，也没有明显的反社会行为，明显区别于逃课的孩子。这些孩子内心对上学有种莫名其妙的害怕，其害怕的对象并不明确，有时候心里想去上学，却去不了，非常矛盾和痛苦。

近年来厌学在国内的发生率有越来越高的倾向，尤其在那些智商比较高的儿童和青少年当中。厌学给家长和孩子都带来巨大的心理痛苦。在不少案例中，个体将症状表现带入成年阶段，"茧居"在家，不工作、不社交，依赖父母提供金钱和生活必需品。

在解决厌学问题时，高质量的心理咨询和恰到好处的药物治疗会产生明显的效果。心理咨询包括针对孩子的个体心理咨询，针对家庭系统的家庭心理咨询，以及针对家长的成人心理咨询。但是，由于缺乏足够数量的对厌学有经验的心理治疗师和精神科医师，家庭常常得不到有效的帮助。此外，有不少厌学的孩子因为对父母有抗拒心理，也会抗拒接受父母推荐的心理咨询，以致没有机会获得急需的帮助。

厌学新定义及"六步法"的使用

我在长期的心理咨询与治疗实践中，摸索出一套基于系统家庭心理治疗及认知行为心理治疗理论体系的方法。我把它叫作"大白六步法"，后来改称为"李博士六步法"。"六步法"的核心是把转化工作的核心从孩子转到父母，通过推动父母的改变，帮助孩子实现全面突破。

在"六步法"中，我给厌学下了一个新的定义：在孩子在学校学习的过程中，家长没有能力帮助孩子克服学业及人际困难，导致孩子无法继续接受有效的学校教育。这个定义把（表面上）孩子的问题归结为家长教养能力的问题。这个定义可以看成从系统角度对厌学问题的重新建构。

基于这个新的定义，"李博士六步法"给家长提供了六个相对容易理解、容易操作的学习和行动步骤，帮助家长对厌学问题形成相对科学、系统的认知，同时全面调整与厌学孩子的互动模式，促进家庭内部重新开始爱的流动，重新焕发每个家庭成员的生命活力。

在孩子厌学之初，几乎所有的家长都会非常急躁、不安，试图寻找各种快速解决方案，强行要求孩子恢复上学的动力。为了避免这种无效行动的重复，家长就需要在行动之前，对重要问题进行反思，产生改变的动机。在"六步法"中，前两个步骤帮助家长进行反思：第一步，探究厌学原因；第二步，反思家庭功能。家长在认真完成这两个步骤之后，会在认知上把投向孩子的目光更多地投到自己身上，对孩子的愤怒会减少，沮丧、抑郁的情绪会更多地浮现出来。这就达到了"让家长从无效的惯性行为中停下来"的目的。

后面四个步骤是具体的行动环节，包括：第三步，柔化亲子关系；第四步，管理网络成瘾；第五步，启动学业目标；第六步，实施复学拉锯。

这四个步骤的实施是有前后顺序的，需要家长按照这个顺序行动。例如，如果家长不首先进行第三步柔化关系的工作，那么后续网络管理、学业目标的讨论、复学拉锯都将无法顺利进行。有些家庭会跳过第四步网络管理的过程，这会导致制定学业目标和复学拉锯的行动效果大打折扣，甚至完全无效。

这四个步骤又是相互融合的，例如：柔化亲子关系需要融入其他几个步骤，复学拉锯的很多方法也要在其他步骤中运用。

很多家庭在实施六步法的过程中都会遭遇或大或小的挫败，这是非常正常的，这个时候就需要家长保持极大的耐心，重新从第一步开始。有时候需要重复多次才能最终获得成功。

"六步法"的精神核心

印度哲学家克里希纳穆提曾经说道："在与孩子的关系

中，我们处理的并非那种可以迅速加以修补的机械，而是易受影响的、变幻不定的、敏感的、恐惧的、有感情的、活生生的人。要处理他们的问题，我们必须具有深刻的理解力，以及忍耐与爱的力量。当缺乏这些东西时，我们便求助于迅速而简易的方法，希望由此获得神奇的效果。"

改变孩子厌学的核心，就如克里希纳穆提所述，要对孩子有深刻的理解力，以及忍耐与爱的力量。"六步法"只是指出了一条可能通往成功的道路，仅仅是给家长提供了一个行动的框架。没有框架的盲目行动只会让家长受到更多挫败。如果有了行动的框架，那么在这个框架中，家长就可以在每一次行动中理解孩子，体验忍耐的痛苦，体验被遗弃和遗忘的感受。

每一次行动中都包含这些重要的精神内核。如果没有这些精神内核，家长的行动就很容易失败。例如，家长在改变的初期，常常会受到孩子的情绪攻击，其中包括：恶语相向、无视、严词拒绝、不讲道理、冷漠等。当家长简单地从孩子的品性不好、家长的管教失误等错误的方向上去理解孩子的时候，他们就会对孩子有更多的不接纳和排斥，甚至怨恨，很容易失去耐心。在做第三步柔化工作的时候，有些家长也许只能坚持三天，之后就再也无法忍受孩子的攻击性态度，进而导致第三个步骤无法顺利实施。

因此，从表面上看，家长是在做柔化的工作，从本质上看，是家长愿意思考孩子的攻击性背后的原因。当家长能够理解孩子的攻击只是一种对家长既往行为的不信任的时候，其对孩子的愤怒就会少很多，继而产生促进反思的内疚，也会生出对孩子的慈悲心。

很多时候，家长有反思的意愿，想更好、更准确地去理解孩子，但是因为理解能力欠缺，常常无法深入孩子的内心，对孩子的行为更多的是感到困惑。这时候，家长除了抓紧时间学习如何与孩子打交道之外，还需要有忍耐力。家长忍耐孩子的背后是对孩子的深深信任。家长认为自己与孩子之间一定有深刻的爱。因为这种深刻的爱，他们彼此的关系从本质上讲是相互促进，而不是相互摧毁。家长的忍耐力背后就是相信孩子发怒一定有他的道理，只是自己目前不知道原因而已，因此必须等待。

家长忍耐孩子的背后还有一个最重要的理由，那就是中断孩子在情感上"以暴制暴"模式的恶性循环。所谓"以暴制暴"，就是当一方表达情感攻击的时候，另一方也用愤怒或者不满来回击。

很多家长和孩子一辈子都无法摆脱"以暴制暴"的模式。但也有例外的情况。我有一个20岁的男性来访者,他从小就被父亲严厉管教,常常要经受父亲的打骂。从高中起,他就不断进行反思,寻求精神上的出路。他花了两年时间,好不容易让自己摆脱了抑郁的折磨,有一天他突然觉察到,也许他不应该对父亲如此愤怒,也许父亲也是一个无力摆脱内心痛苦的人。于是当他放假回到家,看到他的父亲时表现得特别平静。他对父亲张开双臂,说:"爸爸,我很想你。"他看到爸爸的眼泪一下子流了出来,两个人紧紧拥抱在一起。他突然意识到父亲对他是有爱的,只是这种爱被阻隔了。他帮助父亲体验到了那被阻隔多年的爱。他突然感觉到自己变得很有力量。

在这里,我们希望家长能够更早地开始自我觉察和改变,而不是期待孩子主动对亲子关系进行反哺。因为反哺的代价是巨大的,成功的概率也是很低的。不少家长会对孩子说,等你长大了,你就会后悔,就会知道父母不容易。事实上,这种情况并没有发生,原因就是父母僵化的情感表达模式永久地冰封了自己的内心,同时封住了孩子的内心。

如果厌学的孩子对家长表达攻击之后，却没有受到家长的暴力还击，一次这样，两次这样，十次也是这样，那么"以暴制暴"的模式就会逐步弱化，孩子就能逐步感受到被家长理解和接纳，改变也会由此开始。

改变的责任在家长

虽然现在有不少心理专业人士不同意把孩子的问题源头指向家长，但是我依然认为，即使家长可以不为孩子的问题负全部责任，家长也必须为孩子的改变负责。开始阅读本书的家长，我要恭喜你，你已经向正确的方向跨出了第一步。

孩子的困境同样是家长的困境。家长正在用行动向孩子演示如何才能克服我们生命中的困难。家长可以选择继续旧的行为模式：打骂孩子、用负面思维看待孩子、用负面情绪对待孩子、夫妻依旧冷战、认为工作高于一切。这样做的结果是家庭中缺乏变化的推动力，孩子会继续保持厌学的状态。家长也可以选择进行积极的自我改变，让孩子看到，原来生命还有这么大的灵活度，父母居然愿意为了自己付出那么多，从而让孩子学到突破困境的诀窍。

家长改变的第一步就是学习和反思。学习青少年心理、孩子厌学的原因、家庭关系对孩子心理的影响，反思自己和配偶在养育行为上存在哪些问题、有哪些固有的不良模式，还要反思家长自己的情绪处理模式、成长经历。通过这些反思，家长就能够开始意识到自己的很多行为对孩子造成的伤害，也能够理解自己行为背后的原因，看到自己对孩子的不接纳很多时候源于对自己的不接纳。这种反思能够促进家长对负面情绪的觉察，提升对自我的接纳度，减少心理防御，以更加开放的心态对待自己和他人。

这种学习是非常不容易的，我的建议是家长要以反思为核心，边反思边学习。要先选择一些通俗浅显的内容学习，不需要一下子学太多，也不需要等完成了某个系统学习后再进行行为的调整。

家长改变的第二步就是从日常细节开始改变。一是要努力改变自己的不良生活与思维习惯，其中包括：对家人冷漠、粗暴、缺乏情感交流、网络成瘾、应酬、加班太多等。二是要开始建立一些新的、良好的习惯，例如不回避矛盾、和家人积极沟通、定期组织家庭活动、和伴侣平静而有爱地相处。

当然，这里提到的改变，每一个都是非常不容易做到的。冰冻三尺，非一日之寒。但是，我观察到，只要家长坚持从一件事情开始，持续地努力，在冰面上燃起小小的、持续的火焰，那么家庭冰封的情感困境就会被一点点地融化，家人会重新感受到爱的温暖，给予彼此走出困境的机会。

这里还要专门提一下单亲妈妈。由于她们得到的支持相对少一些，因此更容易陷入不良情绪的循环中。因此，单亲妈妈一定要及时给自己充电。除了锻炼身体，还要滋养情感，包括与朋友聚会、看书等。单亲妈妈一定不能有这样的想法：等我先把孩子的问题搞定，再开始关心自己的生活。单亲妈妈要尽量争取从孩子以外的重要人物那里获得支持和能量，花时间建立自己的亲密关系。如果单亲妈妈没有足够的情感支持，那么就很容易对孩子产生更多的情感需要（甚至某种程度的依赖），混淆和孩子的心理界限。这非常不利于孩子的恢复。

接下来，大家就要开始"六步法"的学习了。根据成功家长的经验分享，学习过程中要注意以下诀窍。第一，完整、反复阅读本书，一般至少阅读3到5遍，才能更好地理解书中的方法和原则。有些家长甚至会读上十几遍。第二，对于每一章留的家庭作业，家长也要非常认真地思考和实践。

家长往往只需要在一次行动上产生比较深刻的体验，就很容易激发更大的学习和行动热情。

如果家长能够把自己变成一个好学生，将这本书读透、用好，那么孩子的改变就指日可待。

第一章
探究厌学原因

孩子们需要被看到。

对事情本源的探索是重要的，只有当了解了厌学发生的原因，家长们的焦虑才会有所降低，失控感就会减少，行动就不会那么盲目，内心就可能安定下来，理性地去尝试新的解决方法。更为重要的是，当家长们安静下来，开始试图理解孩子的时候，孩子们才能够刚刚感受到一点被家长理解的可能性，才可能有机会去放下自己内心的自责和愧疚。

孩子们需要被看到。家长愿意去探究和理解孩子，是一切改变的起点。

在介绍孩子厌学主要原因之前，需要强调的是，孩子不去上学，常常有多个因素共同作用导致，很少只有一个因素起作用，因此，家长们更需要对情况进行综合的判断。

一、厌学是孩子发出学业求助的信号

孩子不去上学，往往并不是在抗拒学习，而是在用一种特殊的方式向父母求助。求助什么呢？学业。

对一个孩子来说，学业难度大可能有很多原因。比如家长非要通过各种关系、花好多钱把智力一般的孩子送进全市最好的学校，并且送进尖子班。对孩子来说，面对这样的局面是非常焦虑的。一方面，他会非常担心自己在学习上比不过周围的学霸；另一方面，他会担心爸爸妈妈花的钱被浪费，最后迁怒到自己头上。家长常常希望孩子不怕困难，艰苦学习，创造出奇迹。有这种想法的家长不是少数，他们对自己的孩子一定会创造出奇迹来这一点非常自信。他们不愿意去倾听、看到和理解孩子的焦虑。时间一长，几次考试下来，孩子的信心被彻底击垮，很容易产生厌学的情况。他们其实就是在向父母表达，"我学习不下去了，太难了"。

有家长会对孩子说："没关系！哪怕成绩中等偏下，只要坚持到初三，你就能升入本校重点高中。这个学校的一本升学率很高的，你进好大学没问题。"结果，孩子错过最佳转学时机，最终选择不去上学。

有一个极端的例子是：嘉瑞（化名）本来在小学阶段成绩还不错。在升初中时，妈妈托关系把他安排进一个竞争非常激烈的全市一流初中。结果孩子连续三年在班级里成绩垫底。我问嘉瑞："垫底一定让你感受很不好吧？你为什么还能坚持三年？"他说妈妈让他坚持下去，而且老师、同学对他都很好，和同学玩得很开心，就觉得还能坚持。结果到了高中阶段，因为基础实在太差，他完全跟不上学习进度。此外，高中的老师、同学也没有初中的老师、同学对他那么友好了。在三年的初中生活里，他在学习上处于完全"被碾压"的状态，这让他完全丧失了争取学习进步的勇气，基本放弃了学习，以至于丧失了进一步学习的能力，最终拒绝继续在高中读书。他认为，如果在初中时自己能够去一个级别稍微低一点的学校，绝对不至于变成这样。

果果（化名）是一个六年级的女孩，智力水平很高，爸爸是教授，妈妈是公务员。在和我进行家庭访谈的时候，家长反复强调他们对孩子的学习成绩从来没有提过什么要求，想不通孩子为什么会厌学。在问及孩子上什么类型的学校时，我发现，从幼儿园开始，家长让她去的都是全市最好的学校。孩子其实是一个非常聪明、好学、有活力的孩子，但她非常不喜欢死记硬背，跟妈妈说了很多次都没有得到任何反馈。孩子其实非常希望有更多时间来培养自己的各种爱好，但是这种心理需求被家长完全忽略，这导致孩子在六年级突然开始拒绝上学。在出现厌学情况的孩子中，有一大半都是成绩非常好的孩子。这些孩子的父母常常相信，只有"死读书"，拼命刷题，将来才可能出头。其实对于这些孩子来说，给他们一个相对宽松的学习环境，反倒能够激发出他们的潜能和学习动力。

有一些孩子因为学习方法不对导致学习成绩大幅下降，比如在初中用小学的学习方法，或者在高中用初中的学习方法，不会灵活变通。如果他们一直没有调整学习方法，那么他们学习起来就会非常困难。

小青（化名）在小学阶段一直是尖子生。上了初中后，她发现虽然自己很用功，但是成绩一直不理想，甚至出现了数学不及格的情况，并产生了挫败感。父母由于工作非常忙，加上小青以往在学习方面从来没有让他们操过心，因此很晚才觉察到小青的挫败感，但并没有及时加以重视。直到小青突然出现连续几天不上学的情况，父母才意识到问题的严重性。后来父母在和老师交流后才知道，原来其他同学都在利用课余时间补课，很多课程都提前在课外班学习，怪不得小青用了九牛二虎之力也赶不上别人，其在小学阶段积累起来的自信心也被消耗殆尽。家长认识到自己让孩子进入一个竞争极强的环境中单枪匹马地战斗，并且没有给孩子提供必要的帮助和支持，内心满是内疚。

第三种情况就是孩子比同龄孩子的认知发育水平低。小学生，尤其是小学一二年级的孩子最常出现这种情况。你会发现，有的孩子的数理逻辑能力发展得不够好，让他画画、运动还可以，但让他计算或背诵就非常困难。

用多元智商理论理解，这个孩子的运动智商或者音乐智商是发展正常的，他的逻辑智商可能还没发展到这个年龄阶段的正常水平，而在学校他已经要面对大量的习题了，所以他跟不上学习进度。等他到了三四年级以后，逻辑智商可能已经发展好了，他就会慢慢跟上。如果在一二年级我们家长、老师看不到这一点，因为他学习不好就对他的自尊心进行无情的打击，那么他到三年级以后，即便他的逻辑智商发展好了，他的厌学情绪也会很重，导致他的学习成绩依然上不去，因为他的自尊心已经受到极大的损害。

所以，在孩子学习成长的过程中，在孩子学业出现困难的时候，家长是需要高度重视的，要非常积极地去寻找原因，需要调整的就要及时调整。但我们看到很多家长的第一反应通常是单纯担忧，然后给孩子施加更大的心理压力。

还有一小部分因学业困难而出现厌学的孩子会有一些

生物学因素导致的问题，比如说多动症、认知发育迟滞、孤独症等。可能症状不是十分典型，但是已经严重影响他上课、学习了。这就需要家长带孩子去精神卫生中心或者综合性医院的儿童保健科去做一些鉴别诊断。有针对性的治疗、训练和父母教养方式的改变对这些孩子的厌学问题有一定的效果。

二、厌学是孩子希望减少伤害的信号

妮妮（化名）在初一时出现了厌学的情况。妮妮刚进入新班级没几天，就被班主任当众批评了几句，回家后就大哭，情绪开始低落，过了一周就不肯去上学了。可是据老师说对她的批评也不是很严厉，只是提醒下她做题要认真而已。后来，妮妮在做了很多次心理咨询之后，才向爸爸妈妈透露了一些真实的想法。

妮妮说自己从小就害怕老师，从来不愿意上额外的补习班。她从小学四年级开始，特别害怕语文和数学老师，常常因为老师声音大了一点，就吓得脸色发白。她每天都担心自己不如别人，害怕老师会打自己（老师打别人，她就觉得下一个可能轮到她了）。多年的恐惧让她不仅对学习没有兴趣，而且连活着都觉得没有意思。她经常说死了就没有痛苦了，尽管也会没有欢乐，但是她只想要平静。她平时成绩中等，虽然一直很努力，但是结果并不好。她觉得班里除了前几名的同学，其他人都不配活着，都是"小渣渣"，没必要活在世界上。

妮妮的例子在实际生活中并不少见。来自外界的心理伤害会积累起来。当某位老师稍微施加一根"稻草"的力量上去时，孩子就会崩溃。

除了这种较小的、累积性的伤害外，有时候孩子会在学校里受到比较大的伤害，例如：被老师严厉地批评、训斥，尤其是被某个老师进行公开的、带有侮辱色彩的、反复的批评。这种行为对孩子的心理造成的伤害会是非常严重且持久的。可能对于很多老师来说，训斥孩子是在表达恨铁不成钢的善意，但是对于一些心理敏感的孩子来说，这会造成实实在在的、长期的伤害。这种伤害会严重影响孩子的学习动力，甚至严重影响孩子的心理健康，直至成年。

除了老师的语言伤害之外，有些孩子会与同学或老师发生人际冲突。如果处理不得当，孩子受到排斥，且没有得到及时的安抚，其自尊心也受到贬损，那么孩子就会对上学产生恐惧的心理，以避免受到进一步的伤害。

丁丁（化名）是个帅气又聪明的小伙，在私立学校上五年级，父亲严肃而急躁，母亲谨慎而怯懦。丁丁遗传了父亲的性格特点，在学校常常会看不惯别人，经常与他人发生口角。有一次，丁丁跟他的历史老师因为对某个问题的意见不一致，两人反复辩论，产生了言语上的冲突。由于丁丁讲话比较冲，历史老师感觉受到了冒犯，一怒之下就给他的作业打了特别低的分数。丁丁非常愤怒，觉得自己非常有道理，却被如此不公正地对待。他到处找人评理，但是没有任何人愿意听他的解释。大家都只看到他跟历史老师在激烈争论，而且出言不逊。事实上，历史老师私底下对他做了一些伤害他的心理的事情，其他人不太清楚。丁丁也曾经向父母求助，结果父母也不支持他，认为他态度不好在先，应该向老师道歉才对。

半年之后，学校发现这位历史老师的人品的确有问题，暗暗伤害过不少孩子，就把这位老师解聘了。但是，丁丁已经拒绝上学，待在家里有半年时间了。学校和老师在之前对他的不公平对待已经伤了他的心。父母百般劝说无果，无奈接受了他不去学校的事实。他把自己关在书房里，每天与网络游戏为伴，昼伏夜出，作息紊乱，情绪也变得越来越糟糕。

无论是公立学校，还是私立学校，都可能存在对孩子造成心理伤害的情况。究其原因，很大程度上和学校在处理冲突时可能会缺乏公正性，或者在安抚孩子的心理反应时工作做得不够有关。例如：一些学校在处理校园暴力事件时，往往以息事宁人或者简单惩戒为原则，不太考虑如何才能最好地保护孩子的心理健康。或者虽然有保护的意愿，但老师或校领导缺乏心理学的专业思考和保护性沟通的能力，于是无意中导致了不良的后果。

有时候，孩子遇到的事情在老师或家长看来并不是很大的事情，但对孩子来说，这件事情可能比天都大。老师或家长处理事情不当就会对孩子的内心造成很大的伤害，甚至会影响孩子的价值观和人生观的形成。此外，当孩子觉得自己不被家长理解时，心里就会更加愤怒。

有一些孩子在受到这些伤害后，并不会马上出现不上学的情况，而是把情绪积压在心里。如果后续这些孩子遇到学习上的困难，他就很容易产生厌学情绪。比如：孩子和老师发生冲突，导致孩子非常讨厌上这个老师的课，进而导致成绩下降，并渐渐影响到他对其他课程的兴趣，直到他完全不去上学。在他看来，不去上学就可以不用去面对那个让他讨厌的老师，也不用面对让他受到伤害的同学。

孩子常常把不去上学的理由藏在心里。如果家长平时不关注孩子的情绪，不愿意多倾听孩子，那么孩子就会觉得家长不能理解自己，就不会跟家长说不去上学的理由。

这里教给家长一个简单的原则，那就是当孩子在学校遇到冲突事件的时候，家长第一时间要站在孩子这边，在确保孩子不受伤害的情况下去学校了解情况，承担更多的责任。保护孩子并不是意味着要一味偏袒犯错误的孩子，而是要用正确的方式和孩子沟通，引导孩子合理地解决问题，避免沟通本身对孩子构成问题。

三、厌学是习得性无助的信号

厌学的孩子常常有习得性无助的表现：被动、做任何事情都缺乏动力、没有兴趣、喜欢睡觉、拒绝任何尝试、情绪低落，甚至伴有自杀的想法和行为。

如果孩子在学习上长期遇到困难，父母或老师没能帮助他在某个学习环节上有所突破，不能发现他在其他方面的强项，或者没能让他感受到父母或老师对他这个人的接纳，那么孩子的恐惧就会慢慢变成深度抑郁。对于发生的任何不好的事情，他都会觉得一定是自己的问题导致的（即所谓自我指向），觉得自己整个人都有问题、一无是处（即所谓全面指向），觉得这种坏的情况会持续下去，并且很难改变（即所谓长期指向）。

简单来说，当一个孩子成绩不好时，家长和老师需要做几件事情：想办法帮孩子提高成绩并给予孩子奖励；想办法让孩子看到自己的优势和强项；想办法让孩子觉得他这个人依然是被家长和老师喜爱的。

如果没有人去做这几件事情，成绩不好的孩子就容易产生习得性无助。这种心理一旦形成，就会成为一个潜在的、影响终身的心理隐患。当孩子在成长过程中遇到考试失败、工作挫折、失恋、人际冲突时，有可能会再次产生习得性无助。他会倾向于采用一种被动消极、破罐子破摔的态度，拒绝努力，产生不同程度的情绪低落，甚至得抑郁症。他把自己困住，无法突破，内心告诉自己是不好的、不行的。

我们可以把习得性无助看成孩子在向外表达自己内心的痛苦。我们可以认为孩子反抗的动机为零，也可以认为孩子反抗的动机十分强烈。

如果你去观察习得性无助的孩子，那么你会发现，在他的家庭教育中，一定有一位或两位家长对他有常年、持续、严重的责骂、否定行为，甚至有高频率的家庭暴力行为，他可能常常被打得非常厉害，有时候还是"双打"。如果只有爸爸一个人打他，孩子还能期望获得妈妈的帮助。如果父母一起打他，他只会感觉完全无助。长此以往，他就会情绪低落、压抑，没有任何动力去发展他自己的潜能，发展一个孩子应该去发展的那些真正属于他的美好的部分。

对孩子的语言和行为暴力和家长的文化知识水平并没有直接的关联。你可以发现，很多高知家庭都存在对孩子的严重的打骂行为。这种现象其实很容易理解。高知家庭的父母对孩子的期待是非常高的，他们无法接受孩子考试不及格，所以脑袋一热，手脚就上去了。

这种行为与家长对教育的认知有关，更与家长在成长过程中接受的教育方式有着密切的关联。关于这一点，我们在后面的章节中会详细阐释。

受到暴力对待的孩子到了青春期时，其自我意识会迅速增强，对父母的所有规则都会有反抗的倾向。如果在孩子进入青春期之前，父母在教育上奉行简单、粗暴的压迫模式，和孩子无法顺畅、平等地交流，那么孩子到了青春期时，家长对孩子产生积极影响的可能性就会非常小，家长就很难跟孩子建立有效的沟通模式。孩子会把不去上学作为他对抗家长、独立的象征。家长越反对，他就越会坚持这样做。产生习得性无助的孩子也更容易在网络游戏中获得存在感和成就感，比其他孩子更容易沉浸在网络世界之中。

因此，当孩子产生习得性无助的时候，就非常容易产生厌学的行为，比较明显的表现是不去上学，比较隐蔽的表现是表面上去上学，表现得还比较听话，但是成绩和之前比一落千丈，而且长期毫无起色。

我曾遇到过一位令人钦佩的妈妈，她的孩子从一年级开始就有比较明显的多动症的表现，不仅不能很好地集中自己的注意力，而且会影响其他同学的学习。妈妈最为担心的并不是孩子的学习成绩，而是孩子的行为会让老师和同学另眼相看，进而对孩子的情绪和自尊造成负面影响。于是，这位妈妈想了很多办法，来确保孩子在学校中不会因为多动症而产生压抑和自卑心理。例如：这位母亲和校方经过艰难的谈判，为孩子争取到了一块校长特许的自由行动令牌。在上课时，如果这个孩子坐不住，想出去走走，他就可以朝老师举起令牌，就可以起来自由行走。这块令牌向孩子传递了一种被接纳的信息，包括老师的接纳、同学的接纳以及妈妈的接纳。结果，这个孩子因为这种接纳，保住了一点点脆弱的自信心。虽然孩子的成绩一直没有提高，但是他对自己的信心一直不减，他在小学阶段的成绩都保持在中等偏上水平，数学还特别出色。

四、厌学是孩子渴望关注的信号

父母充满爱的关注，是一个孩子从出生到长大成人最重要的心理能量来源。

孩子年龄越小，这种关注就越重要。学龄前的孩子需要的更多是家长在身体成长、情感互动、食物和安全等方面的关注。当孩子处于小学和中学阶段的时候，家长会越来越多地关注孩子的学习成绩。其实，无论是小学生还是中学生，孩子对父母的情感需求依然是非常强烈的，孩子依然非常需要家长陪伴自己面对学习上的困难，给予及时的鼓励和赞赏，在自己遇到挫折时给予必要的安慰，在自己遇到疑惑时给予及时的疏导。

在实际生活中，我们观察到，随着孩子逐渐长大，很多父母给予孩子情感方面的关注在急剧减少，情感互动和交流对孩子来说渐渐成为稀缺体验，很多时候孩子都在孤独中艰难地成长着。

雷雷（化名）从小就喜欢读书，小时候，他最喜欢和妈妈一起看绘本，听妈妈给他讲书上的内容，说说笑笑好开心。上了小学，雷雷很快就能独立进行大量的阅读，进了初中，雷雷对阅读的兴趣更是有增无减。可是，在进入初中后，由于雷雷很不喜欢进行大量的抄写和背诵，他的学习成绩越来越差，学业压力把他压得喘不过气来。后来，妹妹又出生了，父母几乎把所有注意力都放在了妹妹身上。看到雷雷成绩那么差，父母很生气，经常对雷雷进行斥责。雷雷感到前所未有的孤独。终于有一天，他开始拒绝上学。

在老二出生之后，老大受到父母的忽视是一种非常常见的情况。在这个阶段，老大常常会无意识地表现出一些求关注的行为。放弃学业上的努力、不去上学就是其中一种行为。当然，孩子并不是有意为之。当老二出生或即将出生时，老大的不安全感会非常强，这会导致他没有精力和能量去应对学业上的挑战，并且表现出很多问题。除了学业问题，孩子还会表现出退行行为，包括要求妈妈陪睡、要求妈妈帮助洗澡、做作业要妈妈陪伴等。此外，孩子还可能在学校不遵守规范、不交作业、打架，在家里常常莫名其妙地发脾气、和父母发生冲突、不服从家长的指令。

据我观察，很多父母常常会漠视孩子求关注的动机。在孩子表现出异常之后，家长不做任何分析和反思，也不跟孩子做任何沟通，依然把所有的注意力倾注在老二身上，还觉得孩子不懂事，甚至呵斥孩子。

在我给家长做咨询的过程中，我发现，妈妈常常会把小宝的照片或者自己和小宝在一起的照片设为自己的微信头像。这是家长的一种非理性的自动化反应。在我看来，大宝被忽略是家长心智化水平不高或者反思能力不足的结果。

另外还有一种常见的情况，那就是家长让孩子过早且长期寄宿，这使得孩子长期得不到家长的关注，最终厌学。

小芳（化名）的父母白手起家、开设工厂，父亲负责生产管理，母亲负责市场营销，夫唱妇随，企业发展得很不错。但是小芳从小就无人陪伴，在她小学一年级时，弟弟出生，她被送入离家很远的寄宿学校。

小芳是父母的第一个孩子，父母没有养育的经验。在事业面前，小芳的心理需求似乎完全不在父母的考虑范围内。送孩子到高级寄宿学校让小芳的父母以为他们已经给了孩子足够的爱。

在看似天经地义的安排中，小芳的内心被埋下了不幸的种子。被冷落、被忽略的感受等"野草"在她心里猛长。又过了六年，小芳进了寄宿初中，因为常常自我贬低，与朋友交往中处于从属、讨好的地位，所以当朋友冷落自己的时候，特别容易情绪低落。日子久了，这种情况发生的频率越来越高，对小芳的影响越来越大。她在上课时越来越难以集中注意力，成绩急剧下降。父母开始担心起来。

在人际关系方面，青春期的女孩特别需要家长帮忙出主意，给一些支持。在学业提升和未来发展方面，她们也需要很多来自家长的指点和引领。

如果小芳每天都可以回家，那么她当然有可能和父母产生大量互动，也可能会和父母产生一些冲突，给父母带来很多养育上的挑战，让父母产生心理负担，分散父母的精力。事实上，恰恰是这些看似不起眼的日常互动和冲突促进了亲子之间情感的流动，强化了孩子和家长的情感联结，让家长把自己的思想和人生经验传递给孩子，让孩子产生持续、健康发展的内在力量。如果孩子很小就开始了寄宿生活，那么以上情况就很难出现。

小芳一直没有得到和父母亲密互动的机会。后来，父母又把弟弟送进了寄宿学校，准备迎接第三个孩子的诞生。不幸的信号在这个家庭中若隐若现。

幸运的是，父母从小芳成绩下降这件事中，及时察觉到了危机。全家一起前来进行辅导，希望发生改变。在家庭会谈中，我发现，小芳父母之间的关系非常和谐，他们其实非常在意小芳，只是因为工作的欲望过于强烈，才不得已做出送小芳到寄宿学校的选择。

家长反应及时，并没有拖到孩子出现拒绝上学的情况才去咨询，这是令人欣慰的。

在访谈中，我发现小芳妈妈其实在感受情绪方面比较迟钝，这和她小时候的成长经历密切相关。在她的原生家庭中，她是五个孩子中的老大，早早就扮演了照顾弟弟妹妹的角色。对她来说，最重要的是把事情做好。她没有时间照顾自己的情绪，通常选择压抑情绪而不表达出来。因此，她和自己的妈妈在情感上也是非常疏远的，她甚至回忆不起小时候与妈妈有什么亲密的互动时刻。将爱化为行动而非情感互动成了她选择的养育方式。

不过我们也要感谢小芳妈妈的超强行动力。在家庭访谈之后,小芳的父母做出了一个重要的爱的决定:全家一起搬到小芳就读的学校附近,租一个大房子,让小芳开始走读。小芳父母则每天驱车40公里去公司上班。这个举家搬迁的举动让小芳获得了心理上的巨大满足。在不到一个月的时间里,小芳从精神面貌到学习成绩都有了很大变化。

在临床工作中,我观察到很多由于过早寄宿导致孩子出现心理问题的情况,因此,在原则上,我反对孩子过早寄宿、过小寄宿和长期寄宿。我认为,最早的寄宿年龄应该是16岁以后。在16岁之前,孩子应该尽可能与家人待在一起生活,充分体验家庭生活的乐趣、进行充分的亲子情感互动和交流,建立安全依恋关系。如果孩子从一年级就开始寄宿,那么孩子跟家庭的心理联结就会过早破裂。

孩子在成长过程中需要父母给他很多的爱和情感支持。孩子希望在感到难受时可以得到家长的安慰,在感到开心时有家长可以分享,在与人产生冲突时有家长可以帮着出主意,在感到迷茫时有家长可以给予支持和鼓励。孩子需要父母引导自己:怎么看待和同学之间的互动?什么行为是对的,什么行为是错的?在共同的生活中,父母与孩子会有大量的互动,孩子会从父母那里学习基本的社交技能、思考技能、分析判断技能和生活技能。这些情感支持和技能都是孩子发展出自信、自尊的基础。

如果亲子间没有进行很多富有启发性的对话,那么孩子就只能靠自己摸索。初中阶段的孩子正处于青春期早期,其内心正在发生非常剧烈的变化,非常需要通过与父母进行频繁、积极的互动,来完成心理上的学习、休整、认同过程。很多家长认为寄宿能够提高孩子的自主性和独立性,以及社交能力。其实未必如此。自主性、独立性和社交能力的发展需要家长的示范、认同和鼓励。

我们也注意到,孩子的早期依恋关系越是发展不好,家长就越倾向于让孩子过早寄宿。让孩子过早寄宿令孩子丧失了在青春期重建安全依恋关系的大好机会。

目前国内很多学校的心理教育能力稍显欠缺,学校普遍缺乏系统、科学的关心寄宿孩子心理成长的方法,对潜在问题的评估不足。这是我反对过早寄宿的另一个重要原因。

有些家长会说,寄宿的孩子周末回家,这是不是能弥补上面所说的问题?也许能。然而,我们看到的实际情况常常是：周末爸爸说要加班、要出差，妈妈要休息、要社交、要照顾弟弟妹妹，孩子则要忙功课，亲子之间根本没有太多时间进行充分的互动和交流。如果孩子有电脑和手机，那么我们可以想象，谁会替代父母和孩子建立联结。

当孩子开始寄宿生活，或者有弟弟妹妹出生之后，他的心理会发生很多微妙的变化，这个时候孩子常常会通过在学业上制造一些问题，来求得父母的关注。但是，这种情况的发生完全是无意识的。一旦孩子成绩下降，父母的注意力马上就会被吸引过来。有些父母能够尽早觉察到孩子的心理需求，尽快给予孩子足够的爱的回应，这常常能够起到非常好的效果。但是，也有很多父母对孩子大加责罚，结果问题愈演愈烈。

五、厌学的孩子是家庭的替罪羊

在某些家庭中，由于父母之间存在很多问题，孩子常常会通过不上学来做父母问题的替罪羊，也就是说，孩子替家长处理家庭内部的问题，并通过厌学的行为表现出来。当然这个过程也是无意识的，并不是孩子真的有意为之。

晓霞（化名）是个离异妈妈，一年前和丈夫正式离婚，带着15岁的儿子一起生活。在家庭出现冲突的三年中，晓霞儿子的成绩一直在下降，特别是在晓霞离婚后尤为明显，在她来咨询三个月前孩子索性拒绝上学，待在家里，每天打游戏和睡觉。晓霞告诉咨询师，其实五年前夫妻两人就打算离婚，为了孩子一直拖着，也从来不在孩子面前直接发生冲突，离婚都是私下进行商量，瞒着孩子，在离婚手续办好后半年，才慢慢告诉孩子。虽然离婚这件事仍然让晓霞非常痛苦，但是她认为自己表面上处理得很好，也不认为离婚是孩子厌学的主要原因。咨询师当场就问孩子："你觉得你成绩下降、不去上学这件事情受你爸爸妈妈离婚的影响有百分之多少？"孩子想都没想，说："差不多有百分之四十。"说完，孩子幽怨地看了一眼母亲。

　　晓霞觉得非常吃惊，当时眼泪就流了下来。她原以为自己已经处理得很好了，但是孩子为什么会受影响呢？其实是因为他真的是没想明白为什么爸爸妈妈要分手。他始终觉得这件事情对他的伤害太大，没人尊重他的想法。在咨询现场，孩子第一次痛哭流涕，痛斥父母对他心理感受的忽视。

　　晓霞后来反省道："离婚对于我来说是创伤事件，给我带来的影响出乎我的意料。既然这件事对我来说都如此悲伤，那么对于未成年的孩子肯定影响更大。他不仅要处理父母离婚给自己带来的创伤，还要承受和爸爸分离的痛苦，面对学业挫折和妈妈的情绪失控。他比我难受很多倍。"

在孩子出问题之前，很多家长很难从孩子的视角去理解孩子遇到了什么样的困境和挑战。

有些孩子在父母离婚后常常会认为，父母离婚是由于自己不好、不听话造成的，导致其自尊水平很低。父母长期存在冲突会导致家庭气氛持续紧张。即使父母不公开说离婚，这种紧张的气氛也会极大地影响孩子，常常会使孩子产生抑郁情绪，缺乏活力，对外界兴趣下降，缺乏力量去面对外界的挑战。于是当学业遇到困难时，孩子常常会选择后退或放弃努力。

有时候，如果家庭问题比较严重，父母有一方就会有比较大的情绪问题。这时候，孩子往往会出现学业成绩下降、学习纪律差等问题。家长因为自顾不暇，不太能够意识到自身情绪状况对孩子的影响，所以简单地将孩子的问题归因于孩子。

有位妈妈说道："从我怀孕开始，我和丈夫的关系就非常糟糕，两人经常吵得不可开交。每次吵架后，丈夫就会开始冷暴力，长时间不搭理我，这让我更加抓狂，和他开始新一轮吵架，从而得到回应。经常吵架导致我们双方的身体状态都非常不好。我因为长时间生气，整个头都是胀胀的，没有知觉，为此做了很多中医调理。在十几年间，我们家的家庭氛围非常压抑，不像别人家一样充满欢声笑语。此外，因为我全职在家，长时间情感上的痛苦无处诉说，所以在无形中把所有的情感都寄托在孩子身上，根本没有意识到这样做对孩子产生的影响。"

孩子的问题其实是家长的问题。当家长自身出状况的时候，孩子往往能够敏锐地感知到他的主要扶养人——妈妈——已经没有力量了，快崩溃了，也能感觉到她非常痛苦。这会让孩子非常不安。

小薇（化名）和老公的关系不好，常年非常忧伤、抑郁，回到家里就唉声叹气，郁郁寡欢。她常常和老公吵架。她的儿子已经上初二了，但是依然不愿意和父母分房睡觉，每天晚上都缠着她，要和她睡，她也从来不拒绝。每当她不开心时，就会在睡前躺在床上叹气，这时儿子就会跟她聊天，安慰她。这导致儿子的睡眠一直很差，早上常常起不来。此外，她的儿子还要应对初中越来越繁重的学业。

小薇说："繁重的学业让孩子觉得十分疲惫。上了初二，孩子在晚上该睡觉时（十点半左右）常常表示不开心，不想睡觉，有时情绪会非常低落，经常折腾到十二点左右，非常疲惫。孩子本身内向，近半年时间和我们沟通极少，平时一放学回家就把自己关在屋子里，写作业，玩电子游戏。他周末除了去上课外班外，其余时间基本都把自己反锁在屋里，甚至都不和我们一起出去吃饭、运动。我们和他就玩电子游戏的问题沟通过很多次，但效果很差。最近两个月，孩子已经开始拒绝去学校了。

长时间以来，我并未真正关注过孩子的情感需求，只是讲道理，甚至在批评孩子时，如果他态度不好，我就会对他进行人身攻击。之前孩子放学回家后就会玩一会儿'王者荣耀'，打赢了还好，要是输了游戏，就会特别激动，很生气，要求再玩一局。在遭到拒绝后，孩子就会大哭大闹。当妈妈的我从未与孩子共情，一见他哭就会非常恼火，劈头盖脸地训斥他，有两次还动手打了他。"

夫妻关系不好，导致妈妈能量不足，只会通过简单、粗暴的方式养育孩子，孩子也倾向于通过冲突来回应妈妈。整个家庭都处于被负面情绪掌控的氛围中，根本无法帮助孩子有效解决困难。孩子的学习问题就成了家庭冲突的替罪羊。

妈妈在治疗过程中进行了反思,并写道:"这段时间我有些挫败感,血压也有点高,觉得自己经不起事,有点像巨婴,失去了家长的管教功能,情绪不稳定,净扯儿子后腿。后来还是儿子自己联系课外班的老师,补了在家期间落下的课,才又去上学了。我分析儿子以前厌学,一方面是因为学习压力大,另一方面是因为我在潜意识里黏着儿子,不想让他走远。孩子厌学和电脑真的没关系,是我在找各种替罪羊。我感觉我这个妈妈基本没啥用了,我的挫败感可能主要来源于儿子和我分离的恐惧。接受现实吧!不要死盯着儿子不放!"

有个年轻、漂亮的妈妈带着一个邋里邋遢的十岁男孩来做访谈。男孩上三年级。妈妈说孩子拖着不写作业,经常和自己对抗,每天做作业做到很晚,常常连一半都没有完成。老师也反映孩子上课不认真,经常走神。医院下的诊断是轻度多动症。妈妈觉得孩子问题很大,希望老师好好治治这个孩子。我评估过后,觉得孩子有比较严重的焦虑情绪。我请一位儿童游戏治疗师给孩子定期做游戏治疗。同时,我要求妈妈把孩子放学回家后做作业的情境录下来,发给我。第二天，妈妈发了一段40分钟的录音过来。在前20分钟里，妈妈和孩子比较平静，只听到妈妈时不时催一下孩子："快点！快点！"20分钟之后，妈妈的嗓门开始变得越来越大。后来，在和孩子的咨询中，我了解到，妈妈常常用孩子玩的架子鼓的小鼓槌打他。孩子上小学以来，妈妈已经打断了六根鼓槌。

在这个故事里，厌学的根源是恐惧，恐惧的原因是母亲的情绪失控，失控的原因主要是这两点：一是妈妈不懂如何陪孩子做功课及如何耐心引导孩子；二是爸爸在外做生意常常不回家，母亲心里有很多怨恨和愤怒。其实爸爸对孩子的学习要求并不高，也不认为孩子有什么心理问题，但是因为没有安抚好孩子妈妈，让孩子遭了殃。到这里，大家就明白了，原来孩子只是做了夫妻关系不好的替罪羊。

六、厌学是创伤的后遗症

有些厌学孩子在过去两年内有重要亲人去世或者罹患重病。孩子在家人接受治疗的过程中逐步发展出厌学的情况。

小范（化名）是一个13岁的男孩，爸爸在一年前去世。爸爸原先是一个企业的管理者，对孩子要求比较严格，始终觉得儿子距离自己的要求差了一大截。妈妈和爸爸从结婚以来关系一直不好。妈妈是某个单位的领导，比较强势，经常在家里否定老公。妈妈性格比较大条，平时对孩子关注比较少，反倒是爸爸性格比较细腻，对孩子的学习抓得比较紧。两年前，孩子爸爸被查出有恶性肿瘤，家里立刻被阴影所笼罩。在到处求医、做检查、做手术、化疗之后，爸爸最终还是离世了。孩子看上去并没有表现得特别悲痛，妈妈却花了好长时间才逐步恢复正常的状态。孩子在学校坚持了两个月，放假后就开始疯狂打游戏，脾气变得很坏，很像爸爸原来的样子，还和妈妈发生了多次冲突。在假期之后，孩子去学校待了三天就不愿意去了，只想待在家里打游戏。在孩子休学半年后，妈妈实在没办法，开始寻求帮助。

配偶死亡，是人类日常生活事件中排位第一的压力事件。它对逝者亲人的心理影响是巨大而持久的。即使生前夫妻关系不好，小范的妈妈也花了好长时间来处理内心的抑郁和内疚情绪。此外，她还需要处理和婆婆那边的恩恩怨怨。这让她基本上没有时间和能量去关注孩子的心理状况。

对于孩子来说，失去父亲的心情是非常复杂的，其中包括：被遗弃的愤怒、失去保护的恐惧、对妈妈负面情绪的感知和共情、对父亲死亡的内疚（孩子多少会认为死亡与自己没有让爸爸满意有关）、失去父亲的自卑、男性认同对象的丧失、对未来家庭发展的沮丧。在如此多复杂又痛苦的情绪的折磨下，躲进游戏里也许是孩子的最佳选择。

此外，在老公去世后，妈妈也需要孩子的陪伴。孩子休学在家，其实也满足了母亲这部分的需要。于是，妈妈采取无效的方式限制孩子使用网络，和孩子纠缠了一年之久，却毫无进展。

后来，在咨询师帮助妈妈看到丈夫去世对自己和孩子的影响后，妈妈才逐步处理好自己的悲伤，接纳了孩子的心理混乱，重新找回了自己的力量，帮助孩子一点点打通了心结。

小杰（化名）是一个11岁的男孩，最近一年来，他上课不专心，不愿意做作业，和父母常常为了作业的事情发生冲突，还经常谎称作业做好了，不让父母检查。他对爸爸尤为抗拒。父母想了很多办法，软硬兼施，小杰的状况仍然不见好转，反而提出不要去上学了。

我在对孩子进行评估之后，并没有发现孩子身上有明显的多动症症状。在和父母谈论两次之后，父母才勉强透露了一些家庭的真实情况。其实妈妈在一年前做了一次妇科肿瘤手术，病理检查结果不是很好，陆续进行了几次化疗，孩子爸爸和妈妈内心都非常紧张。但他们并没有告诉孩子实际情况，每次住院化疗就跟孩子说"爸爸妈妈要出差"。

在进一步了解情况后，我发现在孩子小时候，爸爸一直在外地工作，孩子上了小学后才调回来，一家人得以团聚。虽然孩子的父母关系非常好，但是孩子和爸爸很疏远。爸爸脾气不好，不会与孩子交流，妈妈平时比较操心他俩的关系。妈妈在得了重病后，心情非常压抑，非常担心自己万一不在了，孩子得不到很好的照顾。

很多家长认为成人的事情能够瞒过孩子，其实，在父母面临如此巨大的心理压力的时候，孩子一定是能够感受到一些不对劲的情况的。妈妈的虚弱、爸爸的焦躁和悲伤都会向孩子透露大量不安的信息。孩子实际面临非常大的关于未来的潜在威胁，包括丧失母亲的威胁、对父子关系不确定性的威胁。对于一个11岁的孩子来说，这足以压垮大人的压力可以产生强烈的影响。

父母的内心其实有巨大的恐惧和焦虑，拼命抓着孩子的学习不放，也是一种情感隔离的表现。最后，在咨询师的帮助下，孩子的父母决定不再掩饰，和孩子讲了实情，邀请孩子共同来面对这个人生的难题。半年后，妈妈的病情并没有恶化，全家人的心稍稍安定下来，孩子的学习状况也逐步恢复了正常。

七、厌学原因探究问卷

对孩子厌学原因的探究，首先可以帮助家长反思自己的养育方式，有利于家长从情绪化向心智化方向发展；其次，家长与孩子讨论厌学原因本身就能够让孩子感受到家长对他的心理需求的关注，起到一定的修复情感的作用；最后，探究厌学原因可以让家长增进对孩子的理解，可以促进家长在后续采取更为正确的方式来和孩子进行互动，有利于最终解决厌学问题。

当家长试图与孩子交流、寻找厌学原因的时候，孩子通常会拒绝，但是家长要多想办法尝试，一次不行两次，两次不行三次，在孩子心情好的时候进行尝试。

常常是多个因素导致了厌学。孩子遇到的事情看似简单，但其对孩子心理的影响可能大大超出家长的认知。

在探索厌学原因时，切勿对孩子再次进行否定和打击，避免造成二次伤害。最好在专业心理医生的指导下进行这种探索，这样会更加安全和有效。

厌学原因家长自查问卷

孩子出现厌学问题前半年或更早时间，是否出现下列情况：

1. 单科或多科成绩明显下降；

2. 进入重点初中或高中后排名明显下降；

3. 被老师批评、嘲讽或与老师发生口头或身体冲突；

4. 被同学嘲笑或孤立；

5. 在学校和在家里，总是犯错误、被批评；

6. 父母一方或双方对孩子长期有高标准、严要求；

7. 父母一方或双方对孩子习惯性训斥、否定、辱骂；

8. 父母一方或双方对孩子有长期打骂甚至虐待行为；

9. 家庭内部有新生儿出生；

10. 孩子开始寄宿或在寄宿生活中存在人际冲突；

11. 父母一方或双方长期有显著的情绪低落、抑郁或无故焦虑、担心、不安等情况；

12. 父母之间长期情感不和，反应冷淡，经常冷战、吵架、打架；

13. 父母一方或双方有婚外恋行为；

14. 父母开始公开或私下讨论离婚的可能性；

15. 父母一方或双方长期有酗酒、赌博等不良嗜好；

16. 父母或者亲密的长辈有重大身体疾病或死亡。

厌学原因家长自查问卷使用方法：

1. 家长自己先将所有条目梳理一遍，可以和伴侣进行一些讨论，对相关事件的细节进行回忆和反思；

2. 多从孩子的角度看待事情，认识到孩子也会对某些事情有心理反应；

3. 停止一些依然存在的具有伤害性的行为，改善和孩子的情感关系；

4. 在和孩子关系比较好的情况下，由和孩子比较亲近的家长和孩子进行沟通，了解孩子对事件的真实感受和想法；

5. 倾听为主，适度解释，严禁批评、否定、指责，以免造成更多伤害；

6. 孩子不愿意回答或回忆时，不要勉强孩子；

7. 可以在不同的时间点，对以往的事件进行多次反思和讨论。

厌学的背后，是孩子不被父母看见。

在咨询中，我们可以看到很多孩子的父母年纪已经很大了，但依然对孩子十分漠视，这让孩子常常泣不成声，无处化解悲伤与愤怒。

在我们了解了孩子面临的心理需要和挑战之后，我们要做的就是补上孩子缺的东西。如果孩子学习跟不上，就慢慢给孩子补课。如果孩子缺爱，就多给孩子一些爱。说起来容易，做起来难。在现实生活中，很多家长常常无法做到以上几点。原因是什么呢？那就是家庭功能出了问题。

第二章
反思家庭功能

家庭功能的失调,
使孩子丧失了成长的养分和
迎接外界挑战的力量,
在学习的压力之下,
日渐无力和枯萎。

本章给家长提供了一种简单的自我觉察工具，帮助家长从五个角度来评估、审视自己在家庭养育方面的功能，促进家长对自己家庭的实际情况进行回顾和反思，让家长能够对自己的养育行为有更清晰、理性的觉察。这种觉察是家长改变的前提和基础，更是家长帮助孩子改变的基础。

一、深陷沼泽的家庭

有孩子厌学的家庭有一个共同的特点：家长即便看到了孩子厌学的原因，也没有能力帮助孩子，反而常常采取适得其反的破坏性措施。刚开始，我认为是家长对孩子的问题反思太少，慢慢地，我发现，原来在孩子厌学之前很久，这个家庭就"生病"了，家庭对孩子的精神滋养和教育功能已经减退。家长往往心中有数，却心有余而力不足，被困在旧的模式中，苦苦挣扎，无法自拔。

为什么厌学孩子的家长会如此无力？家庭中有哪些因素

阻碍了家长帮助孩子？

余女士（化名）穿着精致而得体，看起来十分谨慎，缓缓步入咨询室。跟在她后面的是儿子小方（化名），比她明显高出一头，耷拉的脑袋上戴着大大的耳机，面无表情，眼神闪烁。

小方原本应该进入高三学习了，可是在高一待了两年，依然没有太强的学习动力。每天沉溺于网络，学习时间非常有限，但他自己似乎并不着急。

小方在初中时，学习状态还不错，学习对他来说是比较轻松的，学习成绩中等偏上。在中考时，小方发挥得不错，进入了当地一所重点高中。可是在进入高中后，面对激烈的竞争和难度较大的学业，小方显然没有做好心理准备。在高一最初的几次考试失利之后，他逐渐丧失了学习的勇气，开始沉溺于游戏，成绩下降得非常厉害。

爸爸老方（化名）是一个高级工程师，年轻时就非常聪明，15年前开始自主创业，开了一家高科技公司，从此他就一直非常忙碌，每天都很晚回家，忙起来的时候干脆睡在公司。这么多年来，他跟妻子和儿子的交流并不多。老方虽然在儿子的教育上花的时间很少,但是内心对孩子有一种盲目的自信,认为儿子理所应当像他本人一样聪明,学习好应该不是问题。后来,他从妻子那里得知,儿子在进入高中后,成绩在班里居然是最后几名,而且数学还考不及格,是各科中最差的。这让老方完全不能接受,于是他毫不遮掩地对儿子表达了失望之情。

父母的强项却是孩子的弱项,这是有厌学问题的家庭中常常会出现的怪现象。这可能是因为父母和孩子存在互相对抗而不是互相欣赏的关系,孩子内心抗拒成为像父母那样的人。

虽然老方觉得孩子给自己丢了脸,但是自尊心促使他寻求改变的方法。他对儿子说:"你是老爸的儿子,数学不会差的,可能是你的学习方法有问题。从现在起,爸爸亲自帮你补课,一定没问题的!"儿子听了父亲的话,感到既温暖,又振奋。老方还亲自挑选了辅导教材,每周跟儿子约好补习的时间。

在开始的一个月,父子俩相互配合得不错,爸爸讲得认真,儿子学得仔细。小方感到,他跟爸爸好像从来没有如此亲密,自己对数学的兴趣在一点点增加。然而,爸爸的耐心并没有持续很久。有一次，爸爸眉飞色舞地讲解了一个新的知识点，小方理解得有些慢，于是请爸爸多讲了两遍，不料爸爸立刻就翻了脸，突然开始责骂他，而且口无遮拦，说"没想到我的孩子反应这么慢，一点都不像我的孩子"。小方完全没想到自己会招来这般羞辱，内心受到了极大的伤害。从此，小方拒绝爸爸给自己补课，甚至连话都不愿意跟爸爸讲。两人陷入了冷战。爸爸虽然事后很后悔，但是无奈情商比较低，不知道如何和孩子道歉和柔化关系，且内心依然对孩子有很大的不满。小方不久后向妈妈宣布要和爸爸决裂，彻底不理睬他了。接下来，小方的学习成绩一落千丈。爸爸便经常住在公司，不回家的时间更多了。

虽然余女士在单位里是精明能干的人，可是面对这样的家庭状况，只感到越来越无力。从丈夫创业开始，她就觉得自己被丈夫冷落了。十几年下来，她在精神上感到极度孤独，感到被疏远、被忽视，丈夫似乎成了一个模糊概念。这完全不是她想要的生活。她在心里对这样的老公是不认同的，不喜欢这样的男人成为她的老公，但是现在后悔显然是来不及了。多年以来，她只有在和儿子的互动中，才能找到一点生活乐趣和情感寄托。然而，自从进入青春期后，儿子对她的依赖开始减少，常常对她不理不睬。她和儿子的沟通变得越来越困难，所以她感到很孤单。

一家三口人，就这样各怀心思，彼此隔离，内心充满绝望。爸爸的短暂回归曾经让妈妈燃起一丝希望，没想到一切又回到起点。

余女士带着儿子来诊所看了几次。余太太有一个她最关心的话题，每次前来，会不停地问我："老师，你说我这个孩子有什么问题？需要吃什么药？"

我强烈地感到，与解决孩子的厌学问题相比，余女士更加希望给孩子戴上一顶疾病的帽子。我多次问余女士："你希望儿子未来是什么样的？"她一次都没有给出一个直接、明确的答案。最后她告诉我："如果孩子考不上大学，也出不了国，我希望他在国内随便混个学校上，哪怕是职业学校都行。将来他随便找份工作就行，只要能待在我身边，我就觉得很满足了。"余女士重点强调了孩子待在她身边。

通过与小方的交流，以及对小方以往学习情况的回顾和分析，我发现他的学习能力其实是比较强的。此外，他有一位高智商的爸爸和一位能干的妈妈。如果我能帮助他扫清厌学的心理障碍，那么他的学业和事业在将来的发展是没有太大问题的。但是为什么妈妈对他是那样的期待呢？在咨询过程中，他也说过自己清楚地知道妈妈对他是那样的期待。

对小方来说，当前的情况是矛盾的。一方面，他的内在有发展的动力和欲望。当爸爸和他亲近、帮他补习的时候，他能够产生信心和兴趣。另一方面，他更多地接收到的是来自父亲和母亲不断否定自己的信息。爸爸直接在智商方面否定他，妈妈在情感方面限制他。他从小就能够强烈地感受到妈妈内心的孤独，妈妈对爸爸的否定也让他不知道未来发展的方向。小方也隐隐觉得，自己考上大学、离开家庭，对妈妈来说会是一个巨大的打击。

我们可以看到，父母的情感疏离、父亲对孩子的忽视、母亲对孩子的过度依赖，使得整个家庭在很久以前就停止了发展。小方在这个时间节点上停滞下来，就好像一匹小马实在无力拉动家庭的沉重车厢。

问题到底出在谁那里呢？让小方重新振奋起来、回到属于自己道路上的办法在哪里呢？

对于厌学的孩子来说，最能够帮助他们的是父母。但是，有厌学问题的家庭的实际情况是，父母的功能不能发挥出来。只有父母意识到自己存在的功能性问题，并做出改变，才可能给到孩子有效的帮助。

二、宣泄情绪还是解决问题？

面对孩子的困境，家长会选哪种方式呢？这个看似简单的选择却是绝大多数父母很难逾越的障碍。

当小方进入高一，遇到学习困难的时候，老方开始的反应还是比较迅速和积极的，他主动购买了教材，也花了心思和时间。他的目标非常清晰和明确，那就是通过自己的讲解，把孩子的数学成绩提高上去。这是相当理想的，但问题是这位父亲对于如何做好一个青少年的家庭教师在心理方面准备不足，在遇到一次很小的挫败后，就发生了180度大转向，从问题解决取向转向了情绪宣泄取向。他对着孩子肆意宣泄不满和失望的情绪。如果他能够多一些耐心，知道做孩子的教师是一件不容易、需要一定技巧的事情，或者如果他能够对孩子多一些包容，看到孩子的努力和不容易，能够以欣赏的心态看到孩子在最初一个月里的积极变化，那么结果可能会非常不同。

在这里，我要提及另一个心理学概念：心智化。所谓心智化，简单来说，就是"将心比心"的能力。这是指你能从外在的角度观察和理解自己，也能从内在的角度看待和理解别人，即你有对自己和他人心理状况的主动觉察能力。比如，你能够想到"我这么对待孩子，是不是伤害了他"，就说明你具备心智化的能力。心智化水平是用来衡量心理和情感成熟度的指标。心智化的能力和学历没有必然的联系，可以通过后天学习来提升。心智化水平高的人能够很好地和周围人建立比较亲密的关系。

老方显然不是一个心智化水平高的父亲，遇到不合意的事情，容易情绪化，缺乏反思和觉察的能力，很容易把亲子关系搞僵。

阿勇（化名）以前也是一位容易发脾气的爸爸，在女儿出问题之后，阿勇经过认真的反思和学习，逐步提升了自己的心智化水平。在和有厌学问题的女儿互动的过程中，阿勇逐渐改变了自己的情绪化取向，努力以解决问题为目标。他的女儿也是在高一休学的。在他和女儿经过一年的努力后，女儿终于返回校园。厌学的孩子常常会做很多次返校的努力。这个阶段往往是考验父母耐心的关键阶段，因为一不小心，返校的努力就会"归零"。如果父母心智化水平低，习惯于宣泄情绪，那么在面对孩子复学初期的胆怯、犹豫、自我否定等状态的时候，就很可能会表现得非常着急、失望、愤怒，很容易和孩子产生对抗，孩子也会感受到父母对自己信心不足，增加自己内心的恐惧，以致再次退回家庭，复学失败。

阿勇在女儿复学的时刻，做了一次非常完美的问题解决取向的示范。在复学第一周，女儿回来说作业太多，自己又没有听太懂，明天不想去学校了。阿勇和老师沟通后对女儿说："我已经和老师沟通过了，你最近可以不做作业，上课专注听课，回来认真复习就好。"女儿提到自己非常害怕老师在上课时当众批评自己。（情绪化的家长常常会否定孩子的想法。）于是阿勇通过各种渠道，和各科的任课老师们联系上，把孩子的顾虑跟老师们一一讲清楚，希望获得老师们的配合，关照老师们尽量不要批评女儿，要多鼓励女儿。老师们被阿勇感动，纷纷表示理解和支持。女儿并不知道爸爸在背后为她做的这些努力。几周下来，女儿每天看上去心情都不错，每天都能感受到老师们对她的接纳。

偶尔几次，女儿在回家后变得非常阴郁，跟爸爸说：

"我还是非常害怕上学，怕自己还是跟不上，让你的努力白费。我已经没有信心了。"其实，这种情绪上的反复对于厌学的孩子来说是非常常见的。家长如果无法正确对待孩子的情绪，就很容易陷入恐惧，甚至绝望之中。阿勇努力消除自己的负面情绪，耐心和孩子沟通，不发怒，真诚地对孩子表达关心和爱，努力让孩子放下对自己的负罪感。

宣泄情绪和解决问题完全是两种相反的做法。家长情绪失控对于解决孩子遇到的问题常常会适得其反。在有厌学孩子的家庭中，打骂、斥责孩子常常是家常便饭。家长明知这样不行，但就是控制不住。这会导致亲子之间的对抗越来越厉害。

这里我需要明确的是，解决问题取向和理智化取向并不是一回事。有些家长在和孩子相处时，显得非常理智，会给孩子讲大段的道理。讲道理并不意味着能够帮助孩子解决问题。很多家长往往带着极大的负面情绪讲道理，因此看似理智的家长在本质上更可能是情绪化的。

三、选择亲密还是疏远？

家庭成员天天待在一起，还会疏远吗？当然会。在很多有厌学孩子的家庭中，虽然家庭成员在一个屋檐下，但是彼此在情感和精神上十分疏远、隔离。

在孩子上学前，很多家庭内部的气氛还是不错的，家庭成员之间的互动也比较频繁。一旦孩子进入小学，学习问题就成了家长和孩子交流最多的话题。家长的日常角色就是"学习监工"。不少家长只关心孩子的学习，让孩子按照大人期待的方式生活，较少陪伴孩子一起活动，和孩子的情感交流很少。除了孩子的学习，家长基本只顾自己的工作。

孩子进入青春期后，在行为、语言表达方面没有小时候那样乖巧了，会有更多的攻击性表达出来。很多家长不知道如何去面对这些变化，只能通过严格督促孩子学习来保持和孩子的沟通。但是学习的沟通是不能替代精神层面的沟通的。其实，在青春期，孩子的亲密需求恰恰是最强烈的。如果这种需求得不到满足，孩子就会感到极度孤独，觉得自己的心思不被家长理解，自己的痛苦不被家长看到，遇到困难也不认为家长能够帮他解决。如果这时孩子开始接触游戏，那么他就会迅速躲进网络世界中，以缓解内心的痛苦。很多家长在这个时候已经感觉到自己和孩子疏远了，但是苦于找不到方法改变。

当今社会，家长在外打拼被视为理所应当的行为，这种行为对亲密关系的影响则经常被忽视。还有很多家庭夫妻不和，一方通过疏远对方来惩罚对方，或者回避与对方的冲突，这也会直接或间接地影响他们与孩子的亲密关系。

当孩子出现厌学的情况后，家长就要反思：家长能够和孩子产生亲密的关系吗？

判断关系是否亲密，一个最基本的指标就是家长能否和孩子经常待在一起，一起做一些事情，比如做家务、讨论事情、看电视、逛街、吃爆米花。即使是吵架，有时也可以被看成亲密的象征。

亲密关系为什么这么重要呢？亲密关系能让孩子的情绪更加稳定。在出现冲突的时候，亲密关系可以让家长和孩子对彼此的信任感更强，更容易相互理解，更直接地表达想法和情绪，比较合理地协商问题，从而加速解决问题的速度。很多厌学孩子的家长常常向我诉苦："我们的孩子为什么那么不可理喻，是不是我们以前对他太缺乏管教了？"殊不知，亲密关系的力量要远远大于管教的力量。

对于前文中的小方来说，从小他和妈妈在一起的时间是非常多的，和妈妈的关系还是挺亲密的。但是在进入青春期后，他和妈妈的交流明显减少，沉浸在手机网络中的时间明显增加。妈妈因为常年被爸爸冷落，在家里沉默寡言，情绪低落，每天没有兴趣和孩子互动，也没有意识到互动的重要性。一家人虽然同在一个屋檐下，但是心却互相分离。

爸爸和小方从小就很疏远。当爸爸主动在学习上帮助小方、表达内心亲密的时候，其实小方是非常快乐的。但是没想到爸爸的耐心不够，两个人的关系也因此变得更加疏远。

老方是特别典型的情感疏远型个体，在教育孩子方面显得非常理性，平时与孩子相处的时间非常有限，和孩子亲密不足、情感联结弱。没有较强的情感联结，再正确的道理，孩子都无法接受。现在很多爸爸平时工作都非常忙碌，少有时间陪伴孩子。当孩子在学习、生活上出现问题时，有些爸爸会仗着自己爸爸的身份，对孩子颐指气使，讲一堆大道理，但孩子完全听不进去。如果孩子做出反抗，那么有些爸爸就会气得要死，觉得自己不被尊重，觉得孩子没有教养，然后严厉地斥责和否定孩子，以致和孩子的关系搞得很僵。有些爸爸还会迁怒于妈妈，认为她们没有教育好孩子，以致夫妻关系恶化。

无论是母亲还是父亲，如果无法和孩子长时间待在一起，柔和地说话、交流，那么就会在情感上和孩子疏远，对孩子的影响力下降。

在治疗厌学的方法中，很重要的一点就是家长要努力恢复与孩子的亲密关系。亲密的家庭氛围能减少厌学孩子对父母的对抗和不信任。

这里讲一个重要话题：家庭中的母子共生现象。在给家庭做咨询的时候，我经常会问两个问题，一个是父母是不是睡在一起，另一个是这个孩子是什么时候开始独自睡觉的。在我的调查中，超过一半的父母是不睡在一起的，母亲更多地会选择和孩子睡在一起，甚至有些母亲会和孩子在一张床上睡到孩子上初中之后。

这就是亲子间过度亲密的情况。睡在一起表达的是身体上的亲密。母亲和孩子一直保持着紧密相伴的状态。当然，睡在一起只是表象，背后其实是孩子和母亲在情感上过度亲密。

共生的特点就是母子连心。关于孩子的任何心理状况，母亲都能够敏锐地觉察到，反之亦然。当孩子还处于婴幼儿阶段的时候，母子间的这种紧密联系对孩子的成长是很有好处的，能够让母亲及时满足孩子的各种需要。如果孩子饿了,母亲就赶紧喂吃的;如果孩子害怕了,母亲就马上过来保护。孩子也能够通过对母亲状态的感知,来调整自己的行为。当母亲紧张时,孩子也会紧张,以便和妈妈一起"逃跑",应对可能出现的不好的事情;当母亲开心时,孩子也会开心。

但是,随着孩子的长大,如果这种紧密的联结不慢慢松动,那么孩子就无法独立感受、应对外面的世界,妈妈会把孩子变成满足她情感需求的人,会越来越多地把她自身的情绪传递给孩子,而这些情绪本应是母亲独自处理或和孩子父亲一起处理的。孩子会在不知不觉间,成为妈妈的亲密伙伴。一旦日后要分离,两个人都会非常痛苦。

处于母子共生状态下的孩子,会有胆怯、恐惧、犹豫、自卑等心理,这些心理很容易被母亲探查到,随即引发母亲的不安,这种不安会强化孩子的负面情绪,让孩子陷入无助的状态。同样,母亲对孩子的失望、对问题的恐惧很容易被孩子觉察到,母亲的其他负面情绪也容易笼罩在孩子心头,让孩子的抑郁、无助情况加重。

更为重要的是,母子共生的状态会导致母亲和孩子之间的心理边界模糊,妈妈虽然能及时感知孩子的情绪,但是不容易脱离出来，无法让孩子去学习解决自身的问题，很难相对平静地容纳孩子的各种心理冲突和负面情绪。母子之间的情绪很容易相互作用。在这样的家庭中，当家长试图进行网络管理时，或者试图给孩子提出学习要求时，只要孩子一哭一闹，妈妈就会立刻投降。因为在孩子哭闹时，妈妈内心会有同样的强烈的痛苦感受，很快出现情绪崩溃，无法给孩子设定界限，导致孩子在行为管理方面反复失败。

因此，家长对于家庭中是否存在这种共生的状态要有更多的觉察和反思。

四、选择包容还是控制？

家长对孩子有比较多的包容还是比较强的控制，是家庭功能的一个重要维度。

懂一点心理学的母亲知道，母亲对孩子的包容和抱持，是孩子心理健康发展最重要的养料。孩子越小，妈妈的包容度应该越高。随着孩子年龄的增长，母亲需要适度增加管控的方面，比如学习习惯、生活习惯、交友规则等。

对于成熟的父母来说，在孩子成长过程中，如何权衡控制和包容，是非常有讲究的。对孩子行为、思想的包容，是促进孩子独立发展的必要条件。只有在父母给予的包容的土壤里，孩子才会不断主动探索，发展出独立的人格和健康的行为方式，发展出自控力、责任心和处理挫败感的能力。

过度控制的父母要求孩子完全按照父母的规则做事，这让孩子逐步丧失了调节自己行为的能力。

在有厌学孩子的家庭中，非常普遍的情况是，父母中至少一方有很强的控制性。这类父母会对孩子的学习习惯、学习内容、学习成绩有比较高的要求，甚至还会管控孩子的精神世界。这种控制往往从孩子上幼儿园开始。到了中学阶段，孩子开始反抗家长的条条框框，这使得家长收紧缰绳，使冲突不断激化。

一位厌学孩子的妈妈写道："自从孩子上学后，尤其是从三年级到七年级上学期，我对孩子的学习管得比较严，比如要求他抓紧时间写作业。在孩子上六年级的时候，爸爸买了个监控摄像头放在孩子书桌前，我在做饭的时候会通过手机看孩子是否专心写作业。如果他不专心，我就会提醒他。"这是很多家庭的真实写照。

有些家长会采取更加暴力的措施来对孩子实施控制。

一位母亲写道："爸爸对孩子的功课特别上心，在辅导孩子时比较暴力。爸爸会把戒尺放在一边，孩子没做好就会被打。因为爸爸事先跟我说过，他在教育孩子时，不希望我插手，所以当我听到爸爸打骂儿子时，我会忍住不去干涉。"

前文中的老方在管教儿子时，试图采取完全控制孩子的方式。当他按照自己的思路帮孩子补习的时候，是希望事情完全按照他对孩子理想化的期待推进。一旦孩子的理解能力没有达到他的期待，老方就会马上失控。对于孩子的缺点，老方几乎完全不能包容。结果孩子在老方的咒骂下关闭了心门。

在实际的案例中，我看到控制性很强的父亲对孩子极度缺乏耐心，为了达到目的，多采取语言暴力和行为暴力。但是，当这些方式对孩子都不管用时，他们又迅速转向另一个极端，完全放弃管教孩子，一下子对孩子非常疏远。有时候，因为母亲反对父亲的极端做法，会给予孩子更多的包容，以平衡爸爸对孩子造成的伤害。夫妻因此变得对立，关系更加疏远，无法相互合作去解决孩子的问题。

有些家长的控制看上去比较隐蔽，但是依然能够让孩子喘不过气来。

下面是一位母亲在上了心理学的课后，练习鼓励上初中的孩子的记录。她从周一记录到周五。

　　"今天放学回来，你没有干其他不相干的事情，预习了功课，在吃饭前还写了作业，进步很大，很棒！

　　"妈妈看到你昨晚虽然作业多，但是你坚持做完了作业，很棒！

　　"妈妈今天看到你把换洗衣服放到了指定位置，非常棒！

　　"妈妈看到你今天复习英语的时候几次想放弃，但最后坚持下来了，很棒！

　　"妈妈看到你今天复习数学的时候，把错题复习了一遍，真棒！"

　　五天里，家长都在鼓励孩子遵守规范的行为。与以往妈妈的批评相比，孩子更可能会受到激励和鼓舞。如果上面五天的鼓励只是意在暂时帮助孩子提升自控力，那么我认为还是有价值的。然而，如果这样的方式持续下去，成为大人的育儿习惯，那么孩子丰富的精神世界就会被蚕食，孩子就会被规则的锁链捆绑起来。

　　这个例子也解释了为什么来自父母过度控制的家庭的孩

子容易厌学。因为过度控制很容易让孩子丧失思考和感知的自主性,进而导致学习兴趣的丧失。

那么,是不是完全的包容就不会使孩子厌学了呢?其实在真实的生活中,不存在完全的包容。对孩子的一切都包容,没有一点控制,就会变成溺爱。

现在社会上流行一种无条件的爱的观点,这个观点的核心是没有错的,但是常常会被一些家长误用。当孩子出现厌学以后,有些家长因为受这个思想的影响,完全包容孩子,给予孩子完全自由的环境,对孩子沉溺网络的行为不做任何约束。一开始,家长轻松,孩子也轻松,但是大部分孩子都走上了网络成瘾的道路,到最后很难再回到学校里。对于父母来说,给孩子绝对的自由和宽容,是一个在教育方面偷懒的办法。家长不是学到了一个真谛,而是学到了一种自我原谅的方式,这会让他们付出沉重的代价。

溺爱的本质是完全没有界限,控制的本质是侵入孩子的心理边界。

真正好的教育,一定是包容和控制的平衡。以网络管理为例,一方面,家长可以将游戏看成有趣的娱乐活动;另一方面，家长要让孩子知道，玩游戏不能影响学习和生活，不能侵犯其他活动的边界，不能侵犯父母的活动空间。

例如，小浩威（化名）在小学六年级时有了自己的手机和电脑，开始接触电子游戏，很快就迷上了。爸爸妈妈看到后，就和浩威做了交流，肯定了他的兴趣，也明确告诉他可以玩多长时间游戏。但是，游戏的吸引力实在太大了，浩威很快就食言，破坏了规则。爸爸妈妈并未气馁，又反复、多次强调界限。同时，爸爸妈妈加强了监管，取消了浩威平时的游戏时间，把浩威四个小时的游戏时间全部安排在周末。监管的主要方向并不在控制孩子玩游戏上，而是在帮助孩子养成阅读、锻炼等良好习惯上，比如妈妈会每天安排一定的时间和孩子一起阅读，爸爸会定期和孩子一起运动。后来，浩威的父母又把周末分段的游戏时间合并成周六上午的畅玩时间，这让浩威感到意外惊喜。当孩子觉得家长对游戏的控制是建立在包容的基础上的时候，会更容易接受家长管理网络的要求。浩威很快平衡了正常生活和游戏。其实，在浩威上六年级之前，浩威的爸爸妈妈就能够在家庭教育中，很好地把握包容孩子的需求与控制必要规则之间的平衡，为后面管控孩子玩游戏打下了很好的基础。

因此，网络管理成功的关键点在于孩子感受到自己在很多方面是被包容的、被尊重的，这样孩子也能学到对父母提出的规则的包容和尊重。网络管理失败的家庭往往就是对孩子一直以来不包容、不尊重的家庭。控制性强的父母常常在控制孩子的行为时，侵犯了孩子其他方面——自尊、隐私、友谊、兴趣、爱好等——的边界。孩子有两个法宝，可以确保自己在拉锯中战胜父母的控制，一是威胁父母自己不再上学，二是威胁要跳楼或者干脆对父母动手。孩子最终用控制的方式夺回了主动权，家长则束手无策。

五、内心认同还是否定？

几乎所有有厌学孩子的家庭的父母从孩子很小的时候起，对孩子就是否定多于认同。虽然有不少厌学的孩子在问题发生之前，在学校都是成绩不错的孩子，但是你会发现，这些孩子对自己的认知是负面的、自我否定的，觉得自己一无是处。这些孩子的父母往往非常难以理解，为什么一直以来成绩优异的孩子会对自己的评价如此之低？为了给自己一个合理的解释，他们会说"孩子是完美主义者"。殊不知，恰恰是他们长期对孩子否定才造成了这样的结果。

有成年来访者跟我说,从小母亲就讨厌她,还经常说一些难听的话,比如在其他人面前说自己长得丑,长大了嫁不出去。母亲对女儿的否定,让女儿产生了不被妈妈认同的心理感受,这在生活中十分常见。再进一步了解,我们往往会发现,外婆也是这样对待来访者的母亲的。来访者的母亲在内心把这种养育孩子的模式传了下去,把这种否定孩子的心理结构传了下去。

我们来看看下面这些家长与孩子的日常对话:

女儿:"妈妈,我想今天上学穿这件碎花裙子。"

母亲:"碎花虽然也不错,但是今天有点冷,你还是换一条裤子吧!"

女儿:"妈妈,我想和小花明天周末去逛街行不行?"

母亲:"嗯,周末要放松一下,不过小花是单亲家庭,你不要和她来往,周末妈妈带你去万达看电影吧!"

女儿:"妈妈,我觉得老师对待这个同学不公平。"

母亲:"你们小孩哪里知道什么是公平?老师说的就是对的!"

在以上的对话中，母亲经常否定孩子，时间长了，孩子的自信心和情绪必定会受到影响。

母亲："我们的宝贝在数学小测验中考了90分，刚复学就考了这个分数真不容易。"

父亲："你看看别人是不是基本上都是满分？"

母亲："班里满分的不多。重要的是孩子克服了很多内心的恐惧。"

父亲："你再算算百分比，假如人家都是90分以上的，他考了90分，不还是倒数第一？一个人要有进取精神。你这样带他，会让他没有进取精神的。"

母亲："但是不管怎么说，孩子经过自己的努力，超越自己，就是进取精神。"

父亲："你没有看出来他缺少一种进取的精神状态吗？"

母亲："那是因为他被压抑了。"

父亲："他自己不够开朗。"

这位父亲满脑子都是负面思维，认为对孩子的否定、批评能够激发孩子的进取精神。实际上，这位爸爸非常暴虐，在其成长过程中，有很多被自己爸爸压迫和鄙视的痛苦经历。现在，这位爸爸又不自觉地把这种情绪投射到孩子身上去了。殊不知，只有对孩子的肯定才可能培养孩子真正的进取精神。

晓璐（化名）今年16岁，休学在家。在她小的时候，父母在外地经商，非常忙，没有时间带她，所以她被寄养在亲戚家里。到了五岁的时候，她才被父母接回家，一家人开始住在一起。她的母亲从小不被自己的父母肯定，所以当晓璐正式和母亲生活在一起时，母亲在很多方面都看不惯她，经常使用否定性的语言和表情。晓璐到了青春期以后出现了强烈的反叛情绪，开始不上学，沉溺于网络小说。自从母亲开始和我做咨询以后，就开始在日常生活中使用肯定性的语言。一段时间后，母女的关系有了明显的好转。在一次咨询时，母亲描述了一个很有趣的家庭互动场景。晓璐问母亲："妈妈，你真的喜欢我吗？"母亲说："当然，妈妈真的喜欢你。"然后晓璐又问了一遍："妈妈，你真的喜欢我吗？"妈妈又明确给予了肯定的回答。晓璐在一天之内，问了几十遍同样的问题。母亲虽然感到奇怪，但是因为内心已经开始真正接纳孩子了，所以也坚定地给予孩子几十遍肯定的回答。后来几天也是如此，不过晓璐问的次数有所减少。母亲照样给予她完全一致的肯定回答。过了几天，她便不问了。母亲明显感觉到，晓璐和她的关系又亲近了一大步。显然，晓璐对妈妈的改变不是很确定，还需要不断确认才能放心。

其实孩子不放心也是有道理的。妈妈虽然真的爱女儿，但是要真正在日常生活中的每一件事情上体现对孩子的爱，是很不容易的。比如，妈妈在咨询中说，女儿自从进入青春期后，就像"花痴"一样，特别喜欢"帅哥"，经常把这个词挂在嘴上，让情感保守的自己感到非常不自在。另外，女儿特别喜欢看网络小说，妈妈心里也是一万个不乐意。在咨询师的支持下，妈妈意识到自己的这些否定想法，在本质上和自己不接纳自己有关系。于是她一方面努力尝试接纳自己、肯定自己，另一方面努力给予孩子更多的肯定。比如，她会硬着头皮和孩子讨论她喜欢的帅哥类型，虽然她的见解经常被女儿嘲笑和反驳，但是她愿意和孩子讨论这个话题本身就能表达她对孩子的接纳和肯定。半年之后，孩子在各个方面逐步调整过来，开始正常上学。

一方面，我们可以看到，家长真正肯定孩子是多么困难。另一方面，如果家长能够克服万难，真正做到肯定孩子，那么这对厌学孩子的帮助其实是非常大的。

有时候，家长对自己的否定会延伸到孩子身上。

这里讲一位非常典型的"虎妈"。她非常能干，名校毕业，女儿也非常聪明。孩子出生后，她就辞去了高薪工作，天天围着孩子转。她希望通过自己的教育，将孩子培养成才。由于孩子从小就有这样一个学霸妈妈做家庭教师，孩子在学习上异常轻松。但是，这也使得孩子越来越依赖妈妈。孩子到了初中阶段，学业更加难了。尽管如此，这位妈妈照样能够把所有的题目搞懂。在这个阶段，新情况出现了，那就是孩子理解的速度似乎跟不上妈妈讲解的速度，这让妈妈觉得非常挫败。对于一道题目，如果妈妈讲三遍，孩子还是听不懂，妈妈就会暴跳如雷，这是以往没有出现过的情况。孩子在学校里其实很优秀，所在的学校也是一流的学校。但是由于妈妈的这种反应，孩子对妈妈非常抗拒，开始拒绝做作业，后来又拒绝去上学，母女几乎天天会爆发剧烈的争吵。妈妈对女儿的这种反应会让孩子觉得妈妈在否定她，觉得自己没有妈妈那样聪明。长此以往，孩子内心对自己就会倾向于否定。再对妈妈的成长史做一下回顾，我发现，妈妈的父母在妈妈小的时候对妈妈要求也非常严。虽然妈妈学习好，但是她的自尊水平不高。她早早退出职场，专心于家教，就是为了培养出一个让自己满意的孩子，从而弥补对自己的不满。所以她内心无法接受孩子听不懂自己的讲解这件事。否定的杀伤力是巨大的。如果妈妈在认同自己、认同孩子方面没有改变的话，那么孩子一时半会儿是恢复不了学业的。

妈妈对爸爸的不认同会延伸到孩子身上。

有一位高一的男生休学一年了。他以前跟妈妈的关系是非常亲密的。妈妈和爸爸之间的关系不是很好，妈妈从内心看不上爸爸。在孩子进入青春期后，妈妈越来越觉得儿子身上有很多地方和爸爸特别像，比如沉默寡言、做事犹豫不决等。于是，妈妈自然而然地就对儿子生出很强的嫌恶心理。这位妈妈把对丈夫的否认、拒绝心理，不自觉地加到了孩子身上。孩子厌学这件事更加肯定了她对孩子的看法。在孩子感受到妈妈不接受自己以后，他跟妈妈更加疏远。这里我要强调一句，家长一定不要以为孩子不知道自己心里想的东西。其实大部分孩子是能够敏锐地感觉到妈妈对自己的看法的。这位妈妈对孩子的不认同，孩子一定强烈地感知到了。虽然妈妈坚持做咨询，试图调整自己对孩子的态度和言行，但是孩子的状况一直没有显著好转。

我让孩子的爸爸和妈妈对孩子的未来打分，十分表示孩子未来发展得非常好，零分表示非常失败。结果妈妈打了五分，爸爸打了七分。这说明妈妈对孩子的未来其实是非常没有信心的。在这种情况下，孩子会想要去实现妈妈的预期，朝着五分的方向发展，因此也不着急从厌学的状态中走出来。妈妈打的分数就像一个咒语，会牢牢地刻在孩子的心里，严重影响孩子向上的动力。

六、"三角关系"对孩子的影响

厌学问题从表面来看，是亲子之间出了问题。事实上，我发现，厌学与家庭成员之间更为复杂的关系有关。我称之为"三角关系"，最常见的情况就是当夫妻关系不好时，孩子会在无意中被一方家长拖入家庭情感的纠缠之中。

家庭关系正常意味着夫妻是一个小单位，孩子是另一个小单位，然后夫妻和孩子又是一个家庭单位。夫妻和孩子之间是有界限的。家庭关系不正常意味着父亲、母亲、孩子三者之间的关系出了问题，比如母亲跟孩子是一伙儿的，或者父亲和孩子是一伙儿的。

一种非常典型的情况是母子紧密、父子疏离。如果丈夫跟妻子在情感方面非常疏离，妻子就会觉得很失落，觉得自己没有价值。这个时候，她就会紧紧地抓住孩子，对孩子的控制过度，在教育孩子方面情绪化，甚至在无意间造成孩子的问题，以便吸引丈夫的注意，让丈夫不至于离开家庭。在这种情况下，孩子就会变成满足母亲隐秘心理需求的工具。母亲在情感上无法从父亲那里得到满足，所以拉了一个角色过来，填补这种缺失感。如果长期这样，孩子就会很依赖母亲。

前文中余太太、老方、小方一家，就是这种典型情况。余太太被冷落，就要把儿子抓在身边，给孩子的厌学找到一个病理性的帽子，以便引起丈夫的注意，让他能够回归家庭。此外，余太太坦承不希望孩子离她太远，留在身边挺好的。孩子在不知不觉中就成了家庭三角关系的牺牲品。

母亲角色缺失，也会造成类似的问题。

扬扬（化名）是一个非常能干的女性，在女儿读小学高年级的时候，开始开公司，做对外贸易，工作非常拼，将所有精力都投进去了。这个时候她和丈夫、女儿之间就有些疏远了，女儿开始无意识地亲近爸爸。因为母亲忙于工作，母亲角色缺失比较严重，所以女儿对亲密关系的需求就会转移到父亲身上。然而，父亲是一个比较木讷的人，不太会和孩子交流，只会陪孩子一起打手机游戏。在进入初中后，扬扬在学习和交友上遇到不少困难，没有人可以交流，渐渐产生了抑郁情绪，对学习的兴趣明显下降，成绩也下降得很厉害。好在母亲及时认识到自己的问题，转移了生活重心，雇了更多的人分担自己的工作，从工作中抽离出来。母亲的心又重新回到家庭上，一边满足丈夫的心理需求，修复夫妻关系，一边承担起母亲的责任，和孩子恢复了亲密关系。很快，孩子的情况就好转了。从某种程度上讲，我们可以说，是孩子用自己的问题成功召回了母亲，甚至解决了父母情感疏离的问题。

夫妻矛盾会直接导致家庭养育孩子的功能出现问题。

晨晨（化名）是一个活泼、好动的男孩子，他在二年级出现了厌学的情况，已经两个月不肯做作业、上学了，妈妈非常着急。二年级就出现厌学的情况不多见。晨晨的情况说明他家的问题比较严重。

这个家庭属于"类单亲家庭",孩子平时完全由母亲抚养,父母的关系很差,母亲平时不让父亲回家,也很少让父亲和孩子接触,拒绝让父亲参与到教育孩子的过程中来。

父亲脾气很不好,每次和孩子在一起,只会骂孩子。孩子对父亲又爱又恨,喜欢跟父亲在一起玩,又怕父亲骂他。

妈妈采取的管教措施是什么?是包容。但是越包容孩子,孩子越不去上学,生活也开始没有规律。我发现,原来母亲本身情绪就很糟糕,感到很无助,缺乏生活的动力,比如处理亲密关系的动力、教育孩子的动力。然后她就把孩子推到心理医生的面前。其实她最主要的问题是:她没有想好怎么跟丈夫处理好关系,是离还是不离?如果离的话怎么办?不离的话又怎么办?最后,这位母亲决定,拉着孩子父亲一起来见心理医生,两个人直面自己的问题和困难。他们达成了一个共识,就是在教育上相互配合,相互接纳,尽到自己的责任。这个决定至少说明他们暂时不打算离婚,夫妻关系是相对稳定的。

在夫妻关系稳定的前提下,他们一起去教育孩子。这时候,孩子回归常态的可能性就很大。

有时候,一个家庭的情况更加复杂。如果不看清复杂局势后面的本质，家庭成员就会长期陷在里面，无法摆脱三角关系的纠缠。

老张（化名）在一家银行工作，以前事业发展比较顺利，经常在外忙工作，对家里管得比较少，女儿的功课都由太太负责。太太是一家房地产公司的高管，很能干，平时会分出一部分精力来陪伴女儿。在小学阶段，女儿学习很不错，基本不用她操心。在女儿进入中学后，虽然学习难度加大了，但是因为她比较信任女儿，所以没有给女儿太大压力，只是在女儿需要的时候，给一些指导。一年前，爸爸在单位遇到了挫折，失去了一个重要的升职机会，情绪一落千丈，工作不那么忙了，在家的时间多了，也越来越了解孩子的情况。爸爸对妈妈管理孩子的方式极度不满，要求亲自督促孩子做功课。之后，爸爸便天天和孩子吵架。爸爸觉得孩子的学习习惯不好，要求孩子按照自己的指令做事，不然就会大发雷霆。此外，爸爸还逼迫妈妈也按照他的要求指导孩子。结果妈妈和女儿都对他特别抵触。

其实妈妈平时辅导孩子的实际效果是很不错的，孩子的学习也没有太大问题，但是自从爸爸开始辅导孩子后，孩子成绩一落千丈，情绪也非常不好。这样折腾一年之后，孩子就开始不上学了。这位爸爸没有把他引领孩子向外拓展的功能发挥出来，反倒把自己对孩子控制、否定的部分展现得淋漓尽致。爸爸对妈妈和孩子都很否定，这让她们极度反感，家庭也因此分成了两个对立的阵营。

很多有厌学孩子的家庭中都存在一种对抗的模式。父亲病态的控制导致孩子和妈妈抱团，家庭变成了爸爸宣泄职场失意的场所。在职场上满足不了的权力和成就动机，只能从孩子身上寻求补偿。后来前文中的妈妈逐渐醒悟，觉得不是她和孩子的问题，于是勇敢地给老公下了最后通牒，表示如果他再不改变做法，就要和他离婚，把他踢出局，及时让他刹车。当妈妈开始站出来保护孩子之后，孩子才逐步感受到安全和被接纳，情绪也慢慢稳定下来。当然，后续妈妈还花了很大的力气去调整爸爸的心理状态，让爸爸感受到妈妈还是可以依靠的，能够理解他内心的痛苦。这位爸爸逐步放松了对孩子的控制，家庭关系结构慢慢回到正常的状态。

在很多有厌学孩子的家庭中，母亲特别优秀，丈夫各方面都很一般。在这样的家庭里，丈夫常常会利用社会对女性的偏见，在家庭中制造打压母亲的氛围，极大地影响孩子对母亲的认同，导致孩子学业出现问题。

有一次，一位妈妈带着自己上高三的儿子前来咨询，说自己儿子今年高考，好像始终信心不足，希望我跟他聊聊。我通过详细的评估，了解到这位妈妈非常聪明，是一位非常棒的妇科医生，但是阴差阳错，在情感受挫的时候找了一位不太满意的老公。老公在各方面都不如她。婚后两人感情很勉强。老公可能因为自卑，在家里不断打压她。

当我跟这个孩子交流了一个小时之后，我发现，虽然身处一所重点中学，孩子对自己的优秀认知似乎不太坚定。因为他从小就被暗示："像妈妈这样能干是不好的，妈妈有太多缺点。"于是，我问了他一个问题："你知道你妈妈以前多么优秀吗？"他吃惊地看着我，似乎不是很清楚，于是我根据前期和他妈妈访谈的信息，讲了他妈妈做过的比较厉害的事情，他听了后显得非常兴奋。之后我说了一句关键的话："你要记住，你一定和妈妈一样优秀！"

在孩子考试前的两次咨询中，我又反复强调了这一点。后来孩子发挥出色，考进了理想的大学。我的咨询其实强化了他的两点认知，一是用事实明确他妈妈是能干的、好的、优秀的；二是让他知道，他是妈妈的孩子，有妈妈的强大基因，所以也是能干的、好的、优秀的。

在这个家庭中，与母亲相比，父亲不是那么出色，而且经常贬低母亲。在这种情况下，孩子可能会倾向于认同父亲，认同他不优秀、不努力的方面。如果这时候母亲不去努力改变孩子的认知，孩子就会对自己没有太高的期待，也无法发展出与高自我期待相匹配的信心。

我发现，很多孩子学习动力的下降与父母工作能力强的一方不被另一方认同高度关联。

比如，爸爸很能干，但是对家庭照顾很少，妈妈各方面比较退缩，抱怨丈夫不能帮她，对丈夫心生不满，甚至处处排斥他、贬低他。如果妈妈和孩子关系非常亲密，孩子也会开始排斥父亲。这样的孩子在某个阶段学习动力下降的可能性比较大。解决的方案很简单，那就是让母亲接纳父亲，允许他参与到教育孩子的工作中来，同时父亲积极配合。

这就意味着，如果家长希望自己的孩子学习动力强，就要对工作能力、向外发展欲望强烈的另一半表达内心的敬意。家长要意识到自己对伴侣的能力和成就表达敬意是在给孩子指出模仿和学习的方向。

如果一方家长对另一方，例如妻子对丈夫有情感上的愤怒，那么可以私下表达或者区别表达，否则很容易导致孩子厌学。

总结一下，提升孩子的学习动力，一定要让孩子感到"我是好的、能干的""我的父母是好的、能干的"。

家庭成员之间的情感互动是非常复杂的。有时候，这种互动还会涉及与上一代家庭成员的情感纠葛。我把这种看不见、摸不着，但又的的确确笼罩在家庭之中、影响家庭每个成员情绪的"心理气场"，称为"家中的大象"。心理干预的过程，就是要把这头大象捉出来，让大家看到，然后问大家："这么大的大象在家里待着，你们不难受吗？"通常最先反应的就是孩子，他们常常会如释重负般，松一口气。家长则叹气、低头不语。这头大象，往往就是导致孩子厌学的家庭的核心问题所在。

因为这头大象，原本应该欢乐、信任、有力、灵动的家庭，变得僵化、凝重、窒息、停滞。这时候，孩子往往会出现厌学的反应。

佳文（化名）是一位能干的母亲。十年前，她才二十八岁，就做了三甲医院手术室的护士长。虽然她十分能干，但是因为工作忙碌，无法顾家。父亲是一名普通的公务员，到四十岁时才混到一个很小的职位，好在每天下班时间早，可以照顾家里的女儿。

佳文是家里的大女儿，还有一个弟弟，父亲是一名医学院的心脏病教授，对两个孩子从小寄予厚望，一直严格要求，希望他们将来能够继承自己的事业，结果事与愿违，两个孩子学习成绩平平。佳文的弟弟从小不喜欢学习，长大后做了一名普通工人；佳文考取了一所卫校，工作后表现不错。在佳文心中，父亲的期待和失望始终像一座大山一样压着自己。她在工作上已经尽力，但是向上发展的机会微乎其微，而且他对老公一直以来有诸多不满，觉得他太自我、太固执，不会体贴自己，也没有什么本事。佳文觉得自己壮志未酬身先老，内心压着很大的悲愤之情。

佳文因为工作忙碌的缘故，对女儿的照顾很少。每当女儿需要她的时候，她常常不在身边。但是她对女儿的学习以及各种行为表现抓得很严，经常会批评女儿，时不时还会动手打女儿。佳文在家里常常一脸焦虑，眉头紧锁，别人很少能看到她开心、放松、满意的时候。

女儿在初三的时候，出现了厌学的状况，不久就申请了休学。

在和一家三口谈话的过程中，我能感受到佳文气场强大。丈夫和女儿都低着头，默默接受佳文的怒视。佳文滔滔不绝地讲了四十分钟，历数父女二人的罪过，然后叹了一口气，也低下了头。可以想象，平时在家，丈夫和女儿也是这样小心翼翼地过日子。

我对佳文说："我看到你的家里有一头'大象'，就是你内心的愤怒和失落感。你觉得自己忙碌了近四十年，还没有达成自己父亲的期待，老公、孩子都不给力，都让你失望了。"

孩子的爸爸对我说："我和孩子做的所有事情，都是为了讨她的欢心，但从来没有成功过。"

我问佳文："佳文，你自己在哪里？你是不是被这头愤怒而失落的'大象'压瘪了？"

在三次咨询之后，佳文逐步开始了寻找自我的历程。她反思了自己的人生节奏、丈夫对于自己的价值，重新寻找恋爱初期与丈夫相爱的感受，开始为自己买衣服，对女儿表现出温柔的一面，想了很多办法帮助女儿克服学习方面的恐惧。一年之后，女儿重新开始上学。

佳文家里的这头"大象"就是被放大的、来自上一代的期待和失望。女儿休学的主要原因就是被这头"大象"压得喘不过气来，没有信心去克服来自学业的困难。在放下这个心魔后，佳文才有了机会重新开始接纳真实的自我，帮助女儿克服学业上的困难。

　　孩子能够敏锐地觉察到家庭内部情感的流动。当家庭关系出现比较明显的问题时，孩子容易分散注意力，产生恐慌等情绪，应对学业困难的能量减少。如果孩子从小和父母的联结不是很紧密，或者父母向孩子投射太多负面评价，那么孩子出问题的可能性就会更大。

　　"屋中大象"，其实就是家庭内部相互关注、相互支持、相互滋养的感觉，在不知不觉中，被冷冷的、陌生的、压抑的、孤单的、愤怒的、疏离的感觉替代。时间越长，"屋中大象"对孩子的负面影响就越大。"屋中大象"是在家庭发展的进程中，因家长忙于生计，积累了很多没有解决的心理问题而逐步形成的。

　　如果希望孩子不厌学，一个基本的预防措施就是：积极建设家庭关系，加强家长的各项功能，在遇到事情的时候更多地保持解决问题取向；与孩子保持健康的亲密度；包容孩子，对孩子适度控制；对孩子有更多的认同、更少的否定。

本章家庭作业：

请家长对照下列家庭功能的维度进行自我评估。

1. 在遇到与孩子相关的家庭问题的时候，你会采取情绪取向还是解决问题取向？

2. 你和孩子之间的情感关系是亲密的还是疏远的？

3. 你是更多地包容还是控制孩子的行为？你的家里存在家庭暴力现象吗？

4. 你对孩子的表现是认同多还是否定多？

5. 你的家里存在家庭三角关系吗？有"屋中大象"吗？

第三章
柔化亲子关系

家长主动柔化关系,
是在向孩子传递愿意合作、
一起改变的信息。

在家长完成了第一步——对孩子厌学问题的探索——和第二步——对自身家庭功能的分析——之后，家长应该已经在一定程度上增加了对孩子的理解，也部分提高了对自身家庭问题的觉察。接下来，我们就来到了第三步——"柔化亲子关系"阶段。在这个阶段，家长需要改变自己的实际行动，通过自身的改变来推进孩子的改变。

所谓柔化，顾名思义，就是家长要主动采取行动，缓和和孩子的紧张关系，尝试建立新的、积极的关系。家长要放弃自己的惯性思维，放下自己的负面情绪，放下对孩子不接纳的态度，放下自认为合理的改造孩子的要求，尽可能用柔和、接纳的态度和孩子互动，尽可能满足孩子的各类需求（不包括与网络游戏相关的需求），减少或避免与孩子、配偶之间发生冲突，缓和家庭中的紧张气氛。

一、粗暴会导致无望的循环

孩子很长时间不去上学，家长心里肯定很焦灼。但是，如果因为这种焦灼，就采取简单、粗暴、情绪化的方式，逼孩子去上学，那么结果往往会适得其反。

有位妈妈记录了她和孩子互动的过程："本来讲好今天上午带孩子出门去游乐场玩，让她放松一下，为上学做准备。下午两点，孩子还没起床，我去把她叫醒，她一听已经两点了，就哼了一声。我出去等，半小时后，她还是没动静。我就着急了，说'要不咱们不出去玩了'，她'哇'的一声哭了。我很无奈，她爸一听孩子哭就急眼了，过来对孩子说'别的孩子要上高三了，而你还在家里，别的家长也这样对孩子，人家能受得了，你怎么就受不了？我这是上辈子造了什么孽？'。我们家总是这样。以前我和孩子说着说着，孩子就哭了，然后她爸爸就过来打孩子，现在倒是不打，变成吼叫了。结果，孩子到现在都不跟我们说话，天天打游戏。"

这是厌学家庭中比较常见的互动过程，爸爸和妈妈的反应都存在很大问题。妈妈表面上看起来很有耐心，心里其实是非常烦躁的，而且这种烦躁是可以让孩子感觉到的。爸爸的表达则直接得多，不是打，就是骂。家长本来想借一起出去玩柔化亲子关系，但是因为内心对孩子是不接纳的，总是把孩子的表现与孩子复学这件事联系起来，所以容易失去耐心，不能很好地控制情绪。这导致家长想往前推进关系，却适得其反。

如果妈妈能更有耐心，在孩子赖床的时候，跟孩子做一些良性的互动，而不是一张口就指责，那么情况可能会好很多。如果妈妈不指责孩子，那么孩子就不会哭。我们可以明显地感觉到，妈妈在指责孩子的同时，心里充满了怨恨。爸爸其实只是把妈妈心里的不满放大了。从根本上来说，这个家庭的情况还是夫妻"双打"孩子。孩子感受到的依然是"被大人讨厌"。

当家长把孩子好不容易建立起来的对大人的信任一点点摧毁的时候，孩子就会重新回到游戏当中。

这个例子告诉我们，试图让孩子返回课堂的目标绝对不是用简单粗暴的方式能够达到的。家长需要先通过柔化的方式，和孩子建立牢固的信任关系，也要在对自己充分反思的基础上接纳孩子的各种行为，从而让孩子对父母有信心，一步一步接受复学的安排。

二、柔化关系是一切的起点

小美休学在家有三个月了,平时不做作业、不肯出门,只会看电视、看手机,晚上很晚才睡觉。只要父母一管她,她就会哭闹,然后把自己关在房间里,反锁上门,有时还不吃饭。这让家庭氛围十分紧张。爸爸妈妈在家不太敢说话,心里又着急,憋急了又要说孩子,说了家里又会"爆发战争"。这便是厌学家庭的常态。

小美的爸妈与咨询师沟通之后,回到家就采取了一系列柔化关系的策略:

首先,他们放弃了以往的无效管理方法,包括逼孩子交手机、不允许孩子多看电视、逼孩子不要熬夜等。尽管这些方法从来没有奏效过,但是他们几乎隔两天就会将这些行为重复一遍。现在,这些行为一下子没有了,整个家庭立刻安静了下来,孩子虽然不知道爸爸妈妈的葫芦里卖的是什么药,但是至少在情绪方面放松了下来。

其次,他们调整了心态,将注意力从孩子身上移开,恢复了正常的家庭生活。比如原来爸爸每天非常害怕回家,经常找借口晚回来,即便有时候早回家,也会在匆匆吃过晚饭后,一头扎进书房里打游戏,好像鸵鸟一般躲避内心的焦虑、不安，避免和孩子发生冲突。妈妈则正好相反，经常放心不下孩子，每天下了班就早早回家。看着孩子紧闭的房门，妈妈独自焦虑，难受落泪。因为老公回家晚，她也没有人可以倾诉、商量。每次和孩子发生冲突之后，她怕孩子出事，就坐在客厅里，等到孩子房间的灯熄灭后才回卧室睡觉。这让她感到疲惫不堪。在决定采取柔化策略之后，爸爸尽量每天按时下班，回到家坚持在客厅待着，陪妈妈做饭或者一起坐着说话、看电视。妈妈在爸爸的陪伴和支持下，心情好了很多。

夫妻二人也不再催促孩子学习了。他们完全满足孩子的各种需求，基本上孩子要什么就给什么，比如孩子想吃妈妈做的东西，妈妈就做给她吃；想在网上买衣服，就给钱让她买。爸爸也时不时带些好玩的小礼物送给孩子。孩子看到爸爸妈妈放松下来，自己也不那么紧张了，脸上偶尔会露出笑容，甚至开始跟父母进行简短的交流，房间的门也不反锁了。家庭氛围好转了很多。

虽然爸爸妈妈内心并没有像表面那样淡定，孩子也尚未真正相信父母的改变，但是父母主动调整行为向孩子传递了一个积极的信号：父母愿意先改变自己。这就为后续一系列的改变打下了很好的基础。

在有孩子厌学的家庭中，通常家庭氛围已经降到了冰点，家庭成员像刺猬一样，彼此拉开距离，小心翼翼地相处。父母忍耐到极限时，就会"大爆发"，要么打孩子、要么骂孩子，或者限制孩子上网，然后孩子"大爆发"，家长投降，一切又恢复到压抑且平静的状态。孩子沉浸在他自己的世界里，日夜颠倒，不出门、不理发、不洗澡，看似自由自在，内心却充满孤独和内疚。整个家庭的氛围非常压抑，家长和孩子都感到很无助。如果家长忽视这种情况，那么就会造成严重后果。孩子休学持续三到五年，直至成年的案例非常多。

此外，在有孩子厌学的家庭中，家庭功能通常是有问题的，例如夫妻关系不融洽，教育方式简单、粗暴等。这些问题还会相互影响，解决起来通常比较困难。因此，破冰之旅的第一步，就是先把家庭紧张的气氛缓和下来。让孩子感受到家长已经安静下来，接纳他的状况。当孩子感受到被指责、攻击的时候，就会更多地隐藏自己、保护自己，并反击父母，而不是面对问题。当孩子感受到被接纳之后，他的安全感才会逐渐恢复。在有了足够的安全感后，他才有力量去改变现状。

如果家长一直在心里拒绝孩子，不接纳他的状况，那么就会得不到他的配合。家长越愤怒、焦虑，孩子就越会拒绝家长。家长要记住：不上学，是孩子反抗家长控制的强有力的王牌。家长控制的欲望越强烈，孩子反抗的行动就越坚决。因此，柔化不能是带有强烈管控目的的、假惺惺的柔化，而是要在对以往教育方式真诚忏悔的基础上，对孩子表达接纳、怜悯的善意。

三、父母道歉是柔化关系的第一步

小宇（化名）是一个初三的男孩。他休学在家已经四个月了，天天沉溺在游戏里。

在成长过程中，他的爸爸常年忙于外界应酬，陪他的时间很少，对待他非常粗暴，所以平时他对爸爸敬而远之。他以往跟妈妈的关系还是不错的，但是因为妈妈对爸爸比较依赖，常常任凭爸爸对待他，因此他连妈妈一起排斥。这对家长找不到突破口，不知道如何向孩子道歉、如何进一步柔化关系。

经过心理医生的咨询，爸爸对小宇的态度有了明显好转。但是，爸爸因为不善言辞，跟孩子常常说不上话。于是妈妈就主动出面，负责和孩子套近乎。在这个阶段，小宇仍处于没日没夜打游戏的状态。因为妈妈一贯比较温和，很少指责他，所以小宇允许妈妈坐在他身边陪着他。妈妈一有时间就坐到小宇边上，一边织毛衣，一边观察他。妈妈一开始并不说话，在小宇心情好的时候，会跟他做简短的沟通，了解他的想法，比如问他对以前的老师、学校怎么看，对爸爸有哪些想法。妈妈通过一点点搜集信息，知道了孩子的心结。原来，小宇当时不去上学的主要原因是：任课老师有一次当着全班同学的面，对他说了很难听的话，他心里非常难受，对老师极度排斥，课后就和老师顶撞了起来。小宇的父母被老师叫到学校之后，只关注小宇哪里做得不对，并没有认真了解事情的来龙去脉，也没有倾听孩子的感受，只是简单、粗暴地批评小宇，所以当时小宇是非常委屈和愤怒的。后来小宇回忆起关键部分的时候，依然咬牙切齿。虽然当时小宇的父母猜测这件事情对孩子的厌学会有影响，但是直到再次沟通之后，他的妈妈才意识到这件事情对孩子的伤害有多大。

在了解了这些信息之后，爸爸妈妈一起向孩子道了歉。

孩子在听到爸爸妈妈的道歉后，情绪反应非常强烈，失声痛哭，把积压多时的委屈和愤怒全部宣泄出来。爸爸妈妈也陪着他一起流了不少眼泪。之后孩子似乎轻松了很多，接受了爸爸妈妈的道歉，解除了一些对家长的抗拒和防御心理。孩子开始感受到父母真的想改变的愿望，之后他对父母的态度柔和了很多。爸爸妈妈看到孩子内心如此痛苦，非常内疚，对孩子的理解和接纳又多了一些。

在道歉、柔化关系过后一段时间，小宇对父母的敌对性显著降低，父母开始针对电脑的使用和孩子展开了"拉锯"。这样做虽然不容易，但是孩子其实已经能够感受到父母对他有了更多的接纳。父母在接纳他的基础上进行了规则管理。尽管孩子不乐意，有抗拒，但是最后还是接受了父母的意见。大概又过了三个月，小宇恢复了正常的学校生活。

我在很多案例实践中发现，家长真诚的反思和道歉是非常有效的柔化关系的方式，常常成为变化开始的启动因素。

小亮（化名）是一名高一学生。休学在家两年，整日打游戏，不出门、不洗澡、不理发。爸爸是一个大型企业的总经理，对家人、同事都要求非常高。儿子从小见他就害怕，孩子的厌学和爸爸的严厉管教关系很大。在孩子休学后，爸爸用了各种各样的办法，比如打骂、请老师上门游说、请老朋友跟孩子谈心、找体育教练说服孩子运动等，试图让孩子回到正轨，却没有取得一点点进展。在我看来，爸爸试图借用他人的力量或影响力去搞定孩子，而不是自己亲自出面，这种方式注定会失败。

只要爸爸在家，孩子一定会把自己关在房间里，等爸爸睡觉后，才从房间偷偷溜出来，到餐厅吃晚饭。妈妈和孩子关系还好，有一次她问孩子为什么不愿意和爸爸一起吃晚饭，孩子告诉她，因为爸爸最喜欢在吃饭时批评他。

妈妈的性格非常柔弱，遇事没有什么主见，对爸爸没有什么影响力。同时，爸爸对妈妈非常依赖，当妈妈要求爸爸一起来看心理医生时，爸爸便乖乖地来了。在咨询进行几次之后，我就建议他们开始采取柔化关系的措施。小亮爸爸告诉我："我有一个很大的优点，就是执行力非常强，答应的事情一定能做到、做好。老师你让我不对孩子发脾气，那我就不发脾气，不让我打孩子就坚决不打孩子。老师，只要你说的对孩子有利，我就一定会做到。"这样的爸爸倒是不多见，可能执行力强也是这位爸爸在事业上比较成功的原因吧。

自从孩子爸爸在我这里承诺之后，他在家里就好像完全变了一个人，真的不发脾气，不打骂孩子，至少在表面上做到了。但这样做显然是远远不够的，因为孩子依然不跟爸爸说话。孩子告诉妈妈，虽然爸爸的脾气好很多了，但是他觉得这种变化是临时的，以后说不准。孩子还是不愿和爸爸一起吃饭。

按照和我在咨询室里讨论出的方法，爸爸接下来尝试给孩子写道歉信。第一封信写得很长。爸爸把信装进大信封里，然后放到孩子房间门口的柜子上。孩子当天没把信拿进去，第二天也没拿。到了第三天，信不见了。爸爸妈妈心里很高兴。爸爸觉得孩子把信拿进屋，是对自己示好的象征。基于这个判断，爸爸接连写了几封信给孩子。

三周之后，妈妈邀请孩子外出吃晚饭，孩子居然答应了，出来后还和爸爸聊了几句。爸爸感到非常振奋，因为孩子已经有大半年没有理他了。显然，只要他肯付出努力，孩子还是能够接纳他的。

柔化行动初见成效。爸爸尝到了甜头，觉得柔化的策略很好，打算做更多努力。后来，他发现孩子喜欢一款游戏，于是他就去请教公司里的年轻人。同事告诉他，最近这款游戏出了一个全球限量版的纪念礼品,很珍贵,但是国内没有,只有在美国才有。他就专门托人从海外给孩子买了这个礼品邮寄回来,送给小亮。小亮收到礼物后,非常兴奋、喜悦。小亮觉得爸爸能够给自己办成这件事情非常厉害,并且有了久违的被接纳和被爱的感觉。这对父子的关系因此更近了。

母亲曾经私下偷偷问孩子:"爸爸的道歉信里写了些什么?你是否接受爸爸的道歉?"孩子每次都会说:"没写什么,没什么感觉。"我相信爸爸的道歉信里可能主要还是说教的内容。要把信写到青春期孩子的心里去,其难度是非常大的。但是,孩子在意的不一定是信的内容,更可能是父亲愿意改变的态度。道歉信不过是一种形式。爸爸写的信都是厚厚的,这会让孩子觉得至少爸爸非常在意自己,愿意为自己花时间、动脑筋。当孩子没有将信立即拿进去时,爸爸也沉得住气,没有任何强迫、着急的表现,只是静静地等待。此外,爸爸停止了打骂他的行为。孩子从这些细节中感受到了爸爸是真的想道歉。

写信道歉对于拉近父子关系是有限的。因此,写信道歉只是第一步。接下来,爸爸送了孩子一个礼物,这成了推进关系的关键步骤。在关系拉近后，爸爸就有更多机会去和孩子发展新的关系。

很多时候，家长的道歉都是非常不顺利的。家长吃闭门羹是常有的事。因此，家长要有足够的耐心，付出很多努力。

"万事开头难。我第一次道歉的时候在她的房间门口转悠了两个小时，抽了半盒烟才鼓起勇气进去，之前在纸上写了一个提纲，怕自己漏了。女儿躺在床上背对着我，我就坐在她床边，我也不知道她听进去了多少。我说了十五分钟，她只回了我一句话——'好的，你说完了吗？'。然后我就出门了，这就是我第一次向孩子道歉。"

以上是另一位爸爸写下的初次道歉的过程，可见道歉不易，需要很大的勇气和耐心。

这并不是一次失败的道歉。首先，爸爸在门口转悠了两个小时，是在做心理建设、调整自己习惯的思维模式。家长为了道歉而做的思考和调整，有时候比道歉本身更加重要。爸爸进屋后，女儿没有把爸爸赶出去，这可以被看成孩子接纳爸爸的开始。虽然背对着爸爸，但是女儿却没有捂住耳朵或者戴上耳机听音乐，而是自始至终听爸爸讲。爸爸讲的内容，孩子一定是全部听进去了，之所以没有回应，也许是因为孩子觉得仅凭这几句话，还不能完全相信家长，必须看家长的实际行动。如果爸爸能够理解这一点，就会有更大的勇气去进行更多的尝试。

四、实施"全方位溺爱"

不管道歉成功还是不成功，家长要对孩子进行"全方位溺爱"。柔化亲子关系，从"取悦"孩子开始、从"全方位溺爱"开始。

关于溺爱，心理学家武志红曾在综艺节目"奇葩说"中讲过一个真实的例子。

有一个1982年出生的年轻企业家叫孙博，她小时候就是在奶奶、爸爸、妈妈的"溺爱"中长大的。溺爱到什么程度呢？孙博在幼儿园不睡觉，这个奶奶就辞了职，到幼儿园做校医，让这个孙女每天中午到她办公室自由地闹腾。后来这个奶奶觉得幼儿园的理念不好，就自己办了一个幼儿园，给孙女定制教育方案。

小升初的时候，孙博成绩非常好。她有能力考北京最好的中学，但她却选择了北京石油附中。原因只有一个：那所初中的校服好看。孙博的爸爸、妈妈立刻毫无保留地支持了她的选择。

孙博长大后，做什么都是跟着感觉走，"想干什么就干什么"，如今她拥有了自己的公司，成了一个小有名气的企业家。

这个例子告诉我们一个道理，那就是溺爱可以让孩子的内心自由成长，而自由成长能够让孩子爆发出很大的实现自我的能量。

为什么要对厌学的孩子"全方位溺爱"呢？

在厌学孩子的生活和学习环境里，存在比较严重的否定性、限制性因素，这些因素可能来自妈妈、爸爸或者老师。这些因素不利于孩子发展自我，会让孩子的主动性受到极大的压制。与此同时，由于孩子缺少来自身边重要人物的肯定和认同，其不确定性、自卑感是比较强的，对自我的认知也是支离破碎的。加上厌学后学习成绩下降、对家长发脾气、沉溺网络等因素，孩子对自己也持否定态度，甚至对家长、老师还会产生很强的内疚。在这样的情况下，孩子非常需要获得认同、支持和肯定。"全方位溺爱"可以让孩子沉浸在一种被全然接纳的带有"退行"色彩的家庭氛围中，让孩子脆弱的自尊心得到保护。让孩子在一个相对安全的心理环境中修复受伤的自我，孩子的防御心才能逐步减弱，孩子才能逐步恢复对家人的信任和对自己的信任。只有当孩子觉得自己是好的，他才愿意改变，并产生学习的内在动力。

有位经历了千辛万苦，总算把自己和孩子都搞定的妈妈说道："我自己通过学习和咨询，状态好转，孩子也好转起来。我现在采取的策略就是全方位溺爱，接纳孩子的'不接纳'。"她的意思是我们要接纳孩子不接纳家长的态度。

娟娟（化名）是一名高一的女生，厌学在家一年，家长开始做柔化的工作，开始尝试对其"全方位溺爱"。但这种溺爱对妈妈来说并不容易。妈妈写道："娟娟主动提出去另外一个城市给表妹过生日。按照以往的教育方式，我肯定会反对和指责她，会说'你为什么要去？可不可以不去？过去太麻烦了，没有必要。妈妈不放心，还要花不少钱。你又不挣钱，一点也不为大人考虑！'。现在想来，这样的表达习惯会对孩子造成多么大的伤害啊！我以前全然不能觉察到。这样沟通的后果可想而知，孩子肯定会跟我大吵一顿，然后我一定会试图压制住孩子，孩子一定会大哭，然后跑进自己的房间，不吃不喝好几天，或者通宵打游戏。"

考虑到要给孩子"全方位溺爱",妈妈马上对娟娟的想法表示支持,表扬她很在意亲情、对家人好,并且马上给她买好车票,做出行的准备。妈妈的反应完全出乎娟娟的意料,娟娟感到非常开心,露出了久违的、畅快的笑容。娟娟在旅行结束回家后,给家人带了不少特产。之后,娟娟的整个状况有了明显好转。

小林(化名)的爸爸妈妈都是高级知识分子,在学习上对小林要求很高。当小林学习或行为不合要求的时候,爸爸妈妈经常会对他进行打骂,很难控制自己的脾气。在父母的高压下,小林在初中阶段成绩还不错,但是到了高中,他出现了厌学的情况,学习动力渐渐不足。他的成绩在班里属于中等偏上,可是小林知道,父母对他目前的成绩是非常不满意的。到了高二,小林对学习更加抗拒,计划休学一年。在休学期间,他基本上都在打游戏。到了这个时候,爸爸妈妈突然发现,打骂孩子已经失效了。沮丧之余,他们开始寻求咨询师的帮助。

我给家长提的第一个建议是立刻停止所有形式的家暴,因为打孩子是对孩子自尊、自我认知伤害最大的一件事情。第二个建议就是家长要开始"取悦"孩子,启动"全方位溺爱"。小林嘴特别馋,喜欢吃妈妈做的饭,妈妈虽然工作很忙,但是为了他,尽量每天早点回家,给他做好吃的,一点儿都不抱怨。爸爸知道小林喜欢看建筑方面的书,就专门买了一本很贵的建筑画册,送给小林。另外,爸爸还研究了小林玩的游戏,专门去买了相关的纪念礼品,送给他。画册和礼品给孩子带来很大的快乐,这是大人体会不到的。东西很贵,但是拉近了孩子与爸爸之间的心理距离。在家长做了很多"取悦"孩子的事情后,孩子对家长的接受度明显提升了,至少不那么抗拒了。在关系变好的基础上,家长逐步尝试在学习上给孩子提供一些必要的支持和资源,后来孩子很快复学,最后考上了一所不错的大学。

"溺爱或取悦"孩子有两个原则。第一个原则是:如果某个"溺爱或取悦"的方法有效,这个方法就值得多用,比如做好吃的、送礼物等。第二个原则是在使用这些"溺爱或取悦"的方法时,不要带附加条件,比如送孩子礼物的时候要求孩子增加学习时间,陪孩子出去玩的时候问他什么时候打算去上学,都是不可行的。

很多家长对纯粹的溺爱真的很不适应,总觉得对孩子做的每件事情都要和学习挂钩,否则好像"不划算"。家长这么想，孩子是完全能够感觉到的。一旦孩子感觉到这一点，溺爱的价值就会大打折扣，孩子会觉得家长别有用心，而不是对他真正接纳。此外，有些家长总担心溺爱会带来副作用。这些家长从来没有做这样的思考：家长以前的所作所为带来的副作用是什么？自己的惯性思维和惯性行为带来的副作用是什么？不会真正地溺爱孩子本身就是一个很大的问题，是一种表达爱的能力的缺失。

小磊（化名）喜欢玩游戏，有一天他自言自语："听说广州有一个网咖，有真皮沙发，还有豪华套餐，在那里打游戏感觉应该超爽。"妈妈的第一反应是想对他说："你以后还是少玩游戏吧，得把握时间。"没想到，妈妈还没来得及说出口，一旁的爸爸却语出惊人："现在高铁这么方便，我周五请假，陪你去广州待三天，体验一下，要不等上学后就没时间了，正好现在休学有时间。"到了周五，爸爸果然履行诺言，陪孩子去广州玩了一圈儿。孩子见到了他梦想中的网咖，认为没想象中那么好。但是父子关系有了明显改善。这件事是一个分水岭，是孩子接纳父亲的开始，从此父子关系逐渐破冰。之后父母经过共同努力，孩子慢慢好转起来。

五、柔化不等于纵容

柔化关系往往是从满足孩子一些浅层需求开始的，例如给孩子好吃的、好玩的，允许孩子日夜颠倒，不强迫他洗澡、理发、锻炼，允许他长时间看电视等。但是家长要知道，柔化关系是为了从满足孩子的浅层需求开始，逐步和孩子建立相互信任的关系，从而发现并满足孩子更深层的心理需求。所以家长在这个过程中，要不断自我觉察，把握好柔化关系的度。对于一些关键问题，依然要设定一定的边界。

有些家长在采取柔化关系措施的时候，会遇到这样的问题：孩子因为有对网络的极度渴求，在看到父母示好的态度后，往往会顺势提出接触网络的需求，比如他会告诉家长，如果家长爱他的话，就应该给他更多的游戏时间，给他更好的游戏设备。家长一不留神，就会中了圈套。我在这里要强调的是：满足孩子的游戏需求，并不是真正的爱的行为。

虽然从六步法的改变步骤上来说，在对孩子的网络和游戏进行有效管理之前，要以柔化工作为主，但是我们并不鼓励在柔化阶段扩大网络对孩子的影响。所以我的建议是，在这个阶段，尽量不给孩子增加游戏时间，也不要给孩子购买功能更加强大的游戏设备，否则就会给后续的网络管理工作带来非常大的麻烦。如果在这个时候孩子提出此类要求，家长需要温柔、坚定地拒绝孩子。孩子被拒绝后通常会有比较大的反应，家长耐心安抚即可。

有不少家长在孩子厌学在家、沉溺网络的时候，会默许孩子打游戏，避免一切冲突，每日偷偷以泪洗面。这样被孩子牵着鼻子走的家长哪里知道，孩子的心也在偷偷流泪，觉得自己的成长需求没有被看到。真正的柔化、真正的爱的行为，是家长在深刻反思的基础上，积聚内在力量，运用正确的方法，帮助孩子走出泥潭，而不是常年纵容孩子，期待奇迹发生。

在来我这里咨询的家庭中，有近一半遇到过这样的情况，那就是之前看的心理医生要求家长允许孩子尽情地使用网络。这导致一个非常严重的情况，那就是很多孩子本来网络使用时间并不长，能够自我约束和管理，结果在家长放开他们对网络的使用后，一发不可收拾，沉溺于网络，给后续的网络管理工作造成了巨大阻力。因此，这样的建议完全是错误的。

在柔化关系的过程中，家长并不需要马上对孩子使用网络的权限进行管控，而是要以暂时维持现状为目标。家长不应该完全放开孩子对网络的使用。

还有一个有意思的现象是：很多家长，主要是爸爸，会偷偷纵容孩子玩手机和使用网络。常见原因有两个。第一个原因是很多爸爸缺乏和孩子交流的技巧，不知道如何和孩子缓和关系，非常担心被孩子和家庭边缘化。他们发现，给孩子手机是能够快速换来孩子笑容的方法。但是很快，爸爸就会发现，孩子在拿到手机后会完全忘记之前的承诺，于是变得异常愤怒，觉得被孩子耍了，以致出现更为严重的冲突。有一个爸爸给孩子买了三个手机，一个比一个高级，然后因为孩子违反规则，爸爸又分三次把孩子的手机摔得粉碎，这导致父子关系迅速恶化，孩子的心理受到进一步伤害。

爸爸纵容孩子的另外一个原因比较隐蔽，那就是夫妻在情感上存在很大问题，彼此不接纳，常常是妈妈比较强势一些，爸爸对妈妈有很多不满且无法表达，于是在无意识中试图通过影响孩子来"惩罚"妈妈。我遇到过很多案例，都是在妈妈开始对孩子的网络进行管理的时候，爸爸会偷偷给孩子输送对抗妈妈的弹药：一部漂亮的手机。

有一个网络成瘾的孩子本来使用的是一个老旧的手机，上网速度很慢，估计再用一段时间就会坏了。妈妈觉得这是一个很好的进行网络管理的时机。但是没想到,爸爸为了讨好孩子,偷偷给孩子换了一个最新的高性能手机。结果,在买手机的当天,孩子对爸爸笑脸相迎,从第二天开始就一头扎进手机里,谁都不理了。妈妈对孩子、爸爸都非常生气,爸爸则觉得孩子更加不可救药,索性撒手不管。

因此,在柔化关系的过程中,夫妻对帮助孩子的理念和行为要尽量达成一致,不能起冲突。

六、每周记录孩子的三个闪光点

全方位溺爱常常满足的是孩子在物质上的需求,有什么办法能够满足孩子更深层的精神需求,进而激发孩子内在的动力呢?我提出了一个非常简便、有效的柔化策略:每周记录孩子的三个闪光点。

这个方法的雏形来自美国的积极心理学家马丁·塞林格曼教授,他提出了一种提升生活幸福感的简便方法:每周对自己过去七天里的生活、工作做一次回顾,找到三件对自己感到满意的事情,然后把它们记录下来。如果这样持续比较长的时间,你的幸福感就会有比较大的提升。

我在实际运用中,发现这个方法非常好用,效果远超想象。我在前面提到，很多家长有习惯性的负面思维模式，只关注孩子的缺点，对孩子的优点常常视而不见，尤其是在孩子进入厌学、休学状态之后，他们对孩子的缺点更加敏感。这种负面视角会消磨孩子和家长的信心，让家庭氛围更加压抑。塞林格曼的这种积极关注方法，对家长和孩子都会很有帮助。因此，我请一些家长回去认真观察孩子，每周至少记录孩子在日常生活中的三个闪光点。所谓闪光点，就是那些让家长感到吃惊、开心、温暖、感动的孩子的某个具体行为。

　　家长在开始这样做的时候，常常会觉得很困难，因为对家长来说，孩子每天不上学，已经足以掩盖孩子所有的优点了。平时家长根本没有心情去发现孩子的优点。在过一段时间后，有悟性和耐心的家长能够看到孩子的一些闪光点。往往需要再坚持一段时间，家长才能够看到孩子越来越多的闪光点。我建议家长尽量把他们观察到的闪光点直接告诉孩子。在听到这些闪光点之后，孩子往往会非常兴奋，似乎内心被点燃了什么。记录闪光点的操作和柔化关系的其他方法结合起来，会起到很大的作用。

　　家长每周除了记录孩子的闪光点，还可以记录配偶和自己的闪光点。妈妈向爸爸讲述她的观察，往往会大大提升爸爸参与家庭建设的积极性。在记录自己的闪光点后，妈妈常常会对自己感到吃惊，增加对自己的信心。

以下是一些妈妈记录的孩子的闪光点：

1. 昨天晚上十点多儿子都已经睡下了，我提醒他睡前要刷牙、洗脸，他照做了，我立马赞扬他说：你这一点特别好，特别懂事！一提醒就去做！

2. 昨天我让在家的儿子帮忙淘米，我好回家炒几个菜直接吃饭。我回到家里后，儿子已经蒸好了米饭，问我是不是水多或者米多了。我们交流了一会儿。我炒菜的时候，儿子在旁边搭了把手。

3. 今天女儿向我描述了她看的视频里的一个细节，听得我哈哈大笑。女儿从小就有这项能力。我向她表达了我的欣赏和赞美。

4. 我每天早上起来都发现女儿昨晚在看书，是心理疗愈方面的。女儿拯救自己的动力蛮强的。她是一个顽强的孩子。

5. 我早晨起来看到冰箱里有一个小碗，里面有一些韭菜炒蛋，是女儿剩下的。在几个月前，她是会把整盒比萨扔掉的。现在女儿竟知道节约了。

以下是妈妈记录的爸爸的闪光点：

1. 爸爸这两周出差，但是每天会发微信问候我和孩子，心里惦念我和孩子的吃饭问题。

2. 爸爸上次出差回来，给家里买了好多食物，还装了纱窗。现在家里没有蚊子了，我在阳台看书、学习舒适多了，晚上睡觉也不会被蚊子叮扰睡不好。感谢爸爸！

3. 爸爸今天和我分享他和孩子的短信交流，也分享了他的担忧。很感谢他让我看到孩子的优势部分，也感谢他和我分享他的担忧！我能感觉得到爸爸非常依赖我，这种被依赖的感觉很好。

以下是妈妈记录的自己的闪光点：

1. 我现在在能力范围内，做到了舍得给女儿花钱、舍得花时间有效地陪伴孩子、重建好的依恋关系。

2. 我现在会习惯性地表扬、肯定自己，会夸自己蒸鸡蛋蒸得像果冻一样滑嫩。这当然是因为女儿很爱吃！我以前是不会做饭的。

3. 我会习惯性地肯定孩子，发自内心地认为自己优秀、了不起，孩子肯定比自己优秀很多，不用担心她，要先管好自己的成长。

有些妈妈在记录了孩子的闪光点后,还做了更多反思:

1. 这周在下班回家后,我有时会和孩子一起去超市买水果、蔬菜,孩子会主动推购物车,结账后女儿拎大袋子,我提出要帮忙,女儿说自己能搞定。每次都这样,不让我拿重的。我觉得女儿很孝顺,我很欣慰。

反思:从前我一直觉得孩子脾气犟、任性、执拗、会顶嘴,你说一句,她回十句,气得我不行。现在回想一下,其实很多时候不全是孩子不好、态度差,而是父母首先在心理上对孩子是否定的,戴着有色眼镜看孩子,觉得孩子无理取闹。这种先入为主的心理导致自己无法与孩子平静、温和地沟通。父母自己是烦躁的,孩子怎么能不和你争论?以后我要时刻提醒自己放平心态,接受孩子的现状,对孩子多鼓励、赞扬,少说带有负面评价的话。

2. 孩子画了一幅水粉风景画,断断续续画了一个月左右。她刚开始接触水粉画,自己琢磨着慢慢临摹的,有时候几天都不画一下,有时候专注画几个小时。虽然她刚入门,但作品的最终效果不错,出乎我的意料。孩子有绘画天分,这让我很高兴,进一步增加了我想引导她走艺术道路的信心!

　　反思:我深深地感觉只有家庭气氛愉快、轻松,孩子才能愉快、轻松,才能安下心来做她自己喜欢的事情,才能表现出她自己的潜能。

　　3. 在得到女儿的同意后,我和我老公把女儿的画发到了朋友圈。由于老公的朋友圈有很多客户,所以在短短十几分钟内,就得到了七八十个"赞",还有很多评论。老公兴奋地给女儿看,我感觉女儿挺高兴,但是她嘴上却说:"都是恭维、随大流。"老公说:"大部分点赞的都是朋友,我又不是他们的上级,人家为什么要恭维我?是真心觉得不错才点赞的。"后来我们又去逛花卉市场,在买花的过程中,老公拿出手机给卖花的老板看,老板也觉得不错,称赞了几句,我女儿当时觉得有点儿不好意思,但我看得出她很高兴、得意。

　　反思:我觉得我和爸爸在这件事上做得都不错,尤其是爸爸最大化地利用了这张画,提升了女儿的自信心,让她感觉她不是一无是处,她有特长,有闪亮的地方。原来我夸女儿有绘画潜力她总不相信,觉得是我想让她走艺术道路,所以故意这么说,现在她慢慢觉得自己确实有潜力!可见鼓励、适度赞扬对孩子自信心的建立有多重要！原来在这方面我们家长都做得太少了，只盯着成绩看，看到的全是糟糕的，对孩子也只有糟糕、片面的看法，说出的话也是负面的、糟糕的，这导致孩子一直没自信，更加讨厌上学。

记录闪光点是一个神奇的方法，虽然简单，但是能给习惯采用负面思维看问题的家长以冲击性的感受，也能让孩子获益很多。

有些孩子还处于比较严重的网络依恋阶段，和家长互动的时间非常少，因此家长能够观察到孩子闪光点的机会不多。但是，我还是鼓励家长尽力尝试，也可以先从自己和配偶身上做起，逐步养成习惯。这个习惯在第五步——拉锯阶段，还有大用。

七、积极恢复家庭功能

做好柔化工作，离不开家庭功能的恢复。家长需要发展家庭"解决问题取向"的功能，创造和孩子的亲密机会，更多地包容和认同孩子，对家庭潜在的三角关系进行反思。

悦悦（化名）是一个读初二的女孩。在悦悦出现厌学、情绪低落、不去上学的情况之前，其家庭生活早已出现很大问题。悦悦的妈妈是高级白领，平时工作非常忙，经常加班，比较理性，对孩子的情感关注比较少，也不敏感。她的爸爸是一家公司的普通职员，脾气不太好，偶尔有家庭暴力。妈妈认为爸爸不求上进，有些看不上他。爸爸对孩子比较粗暴，还喜欢用手拍孩子脑袋，让孩子产生了心理阴影。

悦悦以往成绩都是中等偏上，但是进入初二以后，学习难度明显增加，她感到力不从心，又没有人能够帮助她。在几次考试失利之后，她情绪越来越低落，不久就出现了不想去上学的情况。

这个孩子在情感上始终是非常孤独的，家里没有人真正关心她。对于一个初二的女生来说，和妈妈的情感联结是非常重要的。如果她能和妈妈经常说说话，那么她就可能有效疏解心中的苦闷，还能得到很多建设性的建议。同样，如果爸爸能够和她很好地相处，那么她就有可能学到一些面对困难的办法。可惜爸爸既缺乏敏感性，又不会交流。在看到孩子状态不好时，爸爸给出的更多是指责和教训。孩子的抑郁症状越来越严重，她甚至产生了自杀的想法。

这个家庭找到我来做家庭访谈，于是我做了第一步的调整——恢复家庭的正常功能。首先,我让妈妈调整工作时间。为了孩子,妈妈跟上司做了一次交流,调整了自己的岗位。当然代价很大,这次调整意味着妈妈丧失了一次很好的升职机会。但是妈妈觉得为了孩子是完全值得的。这样一来,妈妈就能拿出更多时间和孩子在一起。

爸爸脾气不好这个问题倒是比较棘手。但是这位爸爸有一个优点,那就是他愿意听心理医生说的话。我当时让他去学习一些控制情绪的方法,还给他推荐了一本书,他学得也很认真。他甚至把拍孩子脑袋的坏毛病改掉了。

父母的这些改变让孩子产生了一种冲击性的感受。孩子在精神和身体上都放松了很多,情绪开始变好。

我鼓励父母两人增加待在一起的时间,一起去看电影、散步、吃饭,讨论如何理解、帮助孩子。

他们原先对孩子是非常抠门的,这导致孩子平时的消费非常少,非常节俭。孩子非常喜欢鞋子,但是很少能得到满足。这次,父母同意她消费,结果她看中了三双同样款式、不同颜色的,都要买。父母经过讨论后,答应了孩子。孩子欣喜若狂,第一次感受到被宠爱了。没过多久,孩子就去上学了,脚上穿着两只不同颜色的跑鞋。

如果家长希望自己家庭的功能迅速恢复，那么最好的办法就是加快夫妻关系的恢复，增加彼此在应对孩子的问题时的一致性。在实践中，无论家长之间有什么矛盾，如果能够马上停战，彼此配合解决问题，那么孩子发生改变就会变得比较容易。

在很多孩子厌学的家庭中，父母之间都是存在问题的。在孩子问题凸显出来后，夫妻关系往往更加恶化。这对孩子的改变非常不利。很多孩子的厌学状况一直无法得到解决，与父母之间无法配合有很大关系。因此，孩子出问题后需要父母双方进行深度合作。父母对孩子的理解是最深的，往往想的办法也是更切合实际的、更到位的。

只要夫妻两人愿意认真讨论、互相配合，就一定能想出很妙的方法，而且往往比心理专家给的方法好。这是非常奇妙的事情。

有位妈妈多年来对孩子爸爸特别排斥，觉得他各方面都很弱，自己在家庭事务上根本不能指望他。在女儿开始厌学后，她对孩子爸爸有了新的认知。她写道："我现在开始会更多地理解爱人，原来的我觉得他能力不行，所以我什么都亲自干，非常累，效果还很差。现在我知道，是我不相信老公有能力，所以我控制一切，感到很累。慢慢地，老公的能力真的不行了。现在在与爱人互动、沟通的过程中，我会耐心地等待他一下，等他的情绪过去，想出好的办法，再与他沟通。我发现，这样做比我一个人把事情做了要好很多，我自己也更轻松。"

当然，夫妻之间合作好是非常不容易的。这里就需要一些窍门。

第一个窍门就是"求同存异"。并不是父母要把以往的所有矛盾都解决以后，才能一起帮助孩子。相反，父母可以采用"求同存异"的策略，哪怕双方以往关系非常不好，常常相互排斥，也没有关系。如果在孩子问题上进行合作、彼此接纳，那么父母双方就会慢慢发现，其实对方也没有自己想象中那么傻、笨、坏。有一位离异妈妈带着17岁的儿子一起生活。儿子厌学一年，天天在家打游戏。这位妈妈是工作狂，对孩子的情感需求非常不敏感，对孩子的问题一筹莫展。她觉得前夫是一个很世俗、自私的人。她发现，虽然之前前夫每年仅仅在过年那几天和孩子待在一起，但是儿子并不排斥爸爸。因此她在假期把儿子放到爸爸那里生活了一段时间，结果孩子得到了更好的照顾和情感交流，孩子玩游戏的时间也减少了，把更多时间花在了写作业上。当然，最后孩子还是回到了她身边。

第二个窍门就是用"在一起"的行动，促进彼此感情的恢复。就如前文中一些家长做的那样，夫妻要尽量多待在一起，早下班，一起做家务、散步，遇事先讨论，再决定等。很多家长反馈，"在一起"的策略在柔化阶段可以大大降低彼此的焦虑，增进相互的支持感。在访谈中，我发现了一个常见的情况，那就是一开始妈妈会抱怨爸爸不配合、冷漠、捣乱，让人觉得这个爸爸问题很大，可是慢慢听下去就会发现，原来爸爸这样的反应是有历史原因的，那就是在日常沟通中，妈妈的控制欲比较强，情绪化也比较明显，以致在她需要帮助的时候，她的反应会把爸爸推开，得不到她想要的支持。有一次，一位妈妈发现孩子偷偷玩手机，觉得是爸爸没有看住孩子导致的。于是，这位妈妈在孩子还在家里的时候，对着爸爸大声埋怨了四个小时，爸爸几乎崩溃了。

夫妻一方或双方可能有比较僵化的思维和行为方式，例如比较容易说伤害人的话，这让其他人很抓狂。这种模式如何改变呢？比较理性的方式就是不断提升自我的觉察能力。当家长因为孩子的事情想抱怨配偶的时候，一定要练习按下暂停键，觉察、反思在互动过程中自己是否存在责任。首先思考如何能通过自己的改变去解决问题，而不是先希望对方改变。如果家长觉察到自己这个模式实在非常顽固，很难改变，那么可以寻找专业的心理医生进行调整。这对孩子问题的解决会有很大帮助，对夫妻关系也有很大好处。

　　第三个窍门就是家长双方开始一起学习相关心理学知识，争取在对厌学问题的认知上达成共识，确保行动的一致性。在通常情况下，妈妈学习的积极性会比爸爸高，但是妈妈要注意，如果只是自己一个人学习，学来的方法可能老公会不认同，对孩子的帮助不会太大。一个例子是：妈妈学习后告诉爸爸"我们要对孩子采取柔化措施"，爸爸并不认同，但是妈妈自顾自地采取柔化措施，这期间爸爸对孩子发了一顿脾气，使得妈妈前功尽弃，和爸爸爆发争吵。比较稳妥的办法是妈妈先学习，先进行一些尝试，然后耐心地和爸爸沟通，慢慢影响他，在合适的时机请他一同学习和改变。

　　有位妈妈为了动员爸爸一起学习心理课程，动了很多脑筋。她在爸爸情绪好的时候对他说："孩子爸爸，我发现一个特别好的音频，听了后终于知道咱家孩子厌学的根本原因了，那就是我不好。"然后她把听音频后总结的"关于母亲的不良思想和行为"讲了一遍，爸爸连声说："对对对，你是有这些毛病，以前我说你还不听，人家专家一讲你才信。"她又说："那以后咱俩一块听吧，正好你可以监督我哪里落实得不好！"孩子爸爸爽快地答应了。从此以后，每到了晚上，夫妻两人就一起认真地听课，在讲到爸爸的不足时，孩子爸爸会心地冲妈妈一笑："你好狡猾，骗我听课！"和妈妈一样，爸爸也被老师讲的内容所吸引。在他们按照老师教的办法做了之后，孩子发生了明显的变化。爸爸一点儿都不生气了，还主动感谢妈妈。

恢复家庭功能的另一个重要环节就是家长自己成长，让理性、健康的氛围充满家庭。

很多孩子在家长管他们玩手机、游戏的时候都会辩解说："你们说我手机成瘾，那你们自己不也是每天回家就刷手机。凭什么大人能玩，我们小孩就不能玩？"他们说的是实情。很多家长手机成瘾的程度一点儿都不比孩子低。家长玩手机只是家长生活状态的一个缩影。很多家长在孩子出现问题之前，自己的生活、工作状态都不是很好。一旦孩子出问题，家长很快就会心身俱疲，几近崩溃。然而，要解决孩子的厌学问题往往是要打持久战的，因此，家长要尽快调整好自己的状态。

家长可以先从改变自己的某些不良习惯（如经常刷手机、抽烟、喝酒等）开始。这些不良习惯很容易导致家长产生情绪化的反应，加剧家庭冲突，也会降低家长理性思考的能力，降低家长的压力耐受性。家长刷手机成瘾、抽烟、喝酒其实是在表达和传递一种不好的情绪，其本质与孩子玩手机、不上学是一致的。如果家长不能从这种情绪状态中走出来，那么又如何能引导孩子走出来呢？

如果家长一直沉浸在沮丧的情绪里，孩子感受到的信息就会是：都是我不好，把爸爸妈妈害成这个样子；看起来他们对我丧失希望了，我也没救了；在他们看来我就是个坏孩子，他们对我所有的地方都看不惯。如果家长停止这些颓废的行为，孩子就不会对自己有这么强的负面想法，就会觉得父母为了自己愿意主动改变，对自己是有爱的，并且会觉得自己是好的，是值得父母付出爱的努力的。

除了停止不良行为之外，家长还可以主动做出积极、健康的行为，例如跑步、游泳、瑜伽、健身等，并养成习惯。体育锻炼可以给家长"充电"，让家长产生带来愉快的身心体验，从而有精力与孩子进行艰巨、持久的"拉锯"。另一种比较好的"充电"方式就是家长,尤其是妈妈,给自己安排固定的独处时间,做自己喜欢的事情,例如插花、画画、看书等。时间差不多在一小时左右,如果有条件的话时间可以更长一些。

家长可以采取的另一个重要的调整方式就是主动减少工作压力。在实际生活中,我看到很多父母在孩子厌学后会主动增加工作时间,减少在家的时间,让自己更加忙碌,试图回避孩子的问题带来的烦恼。这个问题需要家长能够主动觉察。在我的经验里,孩子出现问题后,家长需要腾出更多的时间和精力来思考问题,改变行为,与孩子积极互动。在这个时期,家长增加工作时间或工作压力,一定会减少与孩子互动的时间,降低互动的质量。例如,家长在调整情绪方面会更加困难,在处理与孩子的冲突的时候更加缺乏耐心,在与配偶相处的过程中也会有更多冲突,以致延缓孩子的恢复过程。

下面是一位妈妈对自己和伴侣做出改变的过程的记录和反思:

1. 丈夫减少出去应酬的时间,在家陪我遛弯、买菜、逛商场、看电影。

2. 我开始慢跑锻炼身体，丈夫从网上为我买了舒服的鞋子，鞋码正合适。

3. 我每天坚持学习英语、练习跑步。

4. 我开始有意识地改正过多关注儿子的习惯，多关心丈夫。知道丈夫喜欢养生，我就从网上购买了一些特别的保健品送给他，他特别高兴。我以前为丈夫做得太少了，总围着儿子转，现在为丈夫做一点儿小事，他都很感动。他真是太好了，可我以前总是指责他，我很后悔。

5. 我决心改掉乱花钱、暴饮暴食的坏毛病，我知道那是空虚、没有价值感的表现。我要努力自我成长，改变巨婴状态，主动承担家庭责任，和孩子爸爸一起撑起这个家。以前丈夫说他像带着两个孩子在过日子，我根本不像他的妻子，而像他的女儿。现在我逐渐有了一些我是孩子妈妈的感觉，以前我们家的家庭功能是多么不健全啊，我这个母亲发挥的功能更是弱！

下面是另外一位妈妈的自我改变计划（她更关注心理认知层面的改变）：

1. 将情绪取向模式转为解决问题取向模式。在面对孩子爸爸的时候，我特别容易掉进过去的情绪模式里。我应该多觉察、多接纳、多表达、多转化。

2. 平衡宽容和控制孩子的度。我过去的做法要么太过宽容，要么太过控制，让孩子无所适从。很多事情不是非黑即白的。我应该格局大一点。

3. 提升自己的沟通技能，运用在生活、工作中，助人助己。

4. 柔化夫妻关系，允许丈夫做他自己，允许差异存在。他不必为我的幸福负责，我为我自己的幸福负责。

有位妈妈在孩子休学在家之后，情绪非常不好，经常对孩子发脾气，对老公态度也很不好。她想控制情绪，但是发现很困难，看精神科医生、服用抗焦虑的药物都没有太大帮助。后来，她想起来自己在结婚前是非常喜欢画画的，而且画得还不错，但是在结婚后就没有时间画画了，心里一直惦记着这个爱好。在心理医生的鼓励下，这位妈妈重新开始画画。有一次画了两个小时之后，她感觉神清气爽，完全换了一种状态，对孩子、老公态度好了很多，情绪也平稳了很多。之后，她就把画画作为自己的重要功课来做。

其实，这也是家长对自己的"柔化"工作。通过某些适合自己的方法，安抚、稳定自己的情绪，可以让自己面对孩子的时候能够有更多的耐心和智慧，让孩子能够在一个安全的家庭环境中逐步改变。

家长的改变，很多时候还能带动孩子更快地发生改变。

一位妈妈告诉我："自己下定决心为了孩子和家庭，抛开一切过往，重新做自己，成为能够理解、接纳孩子一切的合格妈妈。我每天坚持读书、听讲座、写日记、反思，每天记录自己做得好的地方和需要改进的地方。学以致用，不断自我完善。"

这位妈妈是很棒的。她愿意为孩子花大量时间去琢磨自己，而不是逼迫孩子。在柔化阶段，她会趁孩子心情好的时候聊一些孩子感兴趣的话题，满足孩子一些小小的要求，给孩子做可口的饭菜，最重要的是每天关注孩子的正向行为，并给予积极肯定。通过一段时间的尝试，妈妈感受到自己真的改变了，亲子关系很快变得缓和。这样做了两周之后，孩子开始每天走出家门，外出就餐，还能坚持每天洗碗，有需求也会通过沟通的方式解决。

"看到家庭气氛越来越和谐，我更加坚信只有家长彻底改变，孩子才会改变。非常感谢儿子给了我这次机会，让我能够真正反思自身存在的各种问题。每天做好一点点，带着自我觉察，关心对方的感受。"

话说起来很简单，事做起来很困难。但是，如果妈妈形成自我觉察的习惯，自己做不好的时候就反思，那么她就能够及时进行调整，取得进步。

这位妈妈还写道："关心孩子的感受，只做利人利己的事情，让家庭充满爱的流动。我将这些想法写成一封信送给儿子，跟他聊聊曾经的幸福往事、妈妈的辛苦、错误行为背后的初心，请求他理解和原谅我。孩子看了后，虽然没有说什么，但是我可以感受到他对我的态度柔和了很多。"

这就是亲子之间的良性互动。我相信她说的每句话都是她自己的深刻体会。在改变自己的心态以后，她和孩子的互动也慢慢发生了积极的改变。

八、用奇迹才能创造奇迹

当孩子出现问题之后，一般来说，家长主观上都有希望孩子变好的愿望，但是不同家长愿意为孩子付出的成本差别是很大的。有的家长会采取最省事的办法，那就是带着孩子到各大医院看病，让孩子服用医生开的药，然后等待孩子病愈，等待奇迹发生。

有的家长在孩子出现问题之后会全力以赴，突破舒适区，改变自己。

小曹（化名）是一名17岁的女孩，一年前出国去读国外的高中。这孩子在国内的时候就非常刻苦、聪明，成绩也很好。但是她从小生活的家庭环境非常糟糕，父母在她一岁的时候就离异了。爸爸在抢到抚养权后，就把她扔给爷爷奶奶带，自己去外地工作，从此再没见过她。妈妈被迫离开了她，爷爷奶奶每年只让妈妈见她一两次。爷爷脾气不好，经常对她进行打骂。她在家里情绪非常压抑，只能通过刻苦学习，得到好的成绩来避免家长对她进行更多的惩罚。

一直到16岁，妈妈出资让她出国读书，她非常高兴能够离开原来的家庭。没想到，到了海外一年以后，她开始产生重度的抑郁情绪，天天失眠，不想去上学，时不时还有自杀的想法，甚至尝试了几次割腕。妈妈内心非常爱她，但是迫于前夫家族的压力，从小一直很少见到她。直到她出国后，妈妈才开始和她有更多的情感交流。当她出现情绪问题之后，妈妈很担心，立刻就把她接回国内，在自己身边一起生活了一段时间。妈妈本身工作非常忙，还有重组家庭后生的另外一个孩子，本来家庭关系是有些复杂的。她刚住进妈妈这边的家时，心情非常复杂。但是，妈妈有很强的爱的能力，性格非常坚韧，不怕困难。她目前的家庭生活很幸福，有来自丈夫和小儿子的理解和支持。她对大女儿的过去心怀内疚，决定不惜一切代价，帮助女儿走出困境。

于是这个妈妈找到我，共同讨论如何去面对这样一个复杂的挑战。我观察到，在这个孩子的整个成长过程中，存在大量心理创伤，内在的安全感非常弱。孩子对于正常的家庭生活没有太多体验，不知道如何与妈妈、弟弟相处，和妈妈住在一起后，大小摩擦不断。

对于这些情况，我们讨论出的对策就是：全方位满足孩子所有的要求，溺爱她。孩子要求自己一个人一个房间，满足她；晚上要妈妈陪着睡觉，满足她；要养一只猫，满足她；猫咪买回来后，觉得和期待的不一样，要换一只，满足她；她不允许弟弟在家里大声喊叫，满足她。

为什么要用这种全面满足法呢？理由很简单，因为这个孩子之前缺失的爱太多了。这个孩子对妈妈提各种条件，不仅是在尝试与妈妈相处，而且是对妈妈的爱的挑战和试探，试探妈妈是不是真正接纳她、爱她。

在全方位溺爱她两个月后，孩子的抑郁情绪有所缓解，主动要求回到国外恢复学习，并准备申请大学的流程。妈妈非常高兴，松了一口气。但在这时候，孩子又提出了另一个条件，要求妈妈陪她一起回去。从发展亲子关系的角度来看，这当然是好事，说明孩子对妈妈更为依赖和信任。但问题是妈妈在国内有一大堆事情要处理，现在出国的话要承受很大的经济损失。

妈妈再次前来和我讨论，讨论的结果是：决定和孩子一起出国，即使损失很大一笔钱，也要把稳定孩子与自己的关系放在第一位。毕竟女儿回来和自己只待了两个月，情感基础还是远远不够的。

后来这位妈妈就陪女儿出国待了三周，看到孩子情况越来越好，才返回国内，后来孩子各方面都很顺利，也申请到了一所非常好的大学，准备继续深造。

当然，由于过去创伤太多，这个孩子将来可能会面临很多心理方面的挑战。但是，至少在她人生最难的一段时间，她体验到了被妈妈接纳、宠爱的感觉。

这样的结果是如何达到的呢？最重要的就是妈妈在孩子困难的时候，毫不犹豫地张开怀抱，让孩子可以肆意地在这个怀抱里宣泄和休整。

因此,家长不要认为孩子厌学是一件很倒霉的事情。其实孩子厌学的时候恰恰是家长跟孩子一起去创造奇迹的时候。妈妈要去创造自己人生的奇迹。如果妈妈无法改变自己,那么孩子也很难走出来。

大部分厌学的孩子在本质上都是有勇气的孩子,他们敢于采用一种特别的方式,来反抗外界给予他们的不恰当的压力。我相信这些孩子都是敏感、有内在力量的孩子。我并不把这些孩子看成失败的孩子。家长要从积极的角度去理解孩子,和孩子共同创造生命的奇迹。

九、相信孩子有成长的愿望

家长在早期和孩子柔化关系是需要勇气的。这个勇气的背后是一个信念:每个厌学的孩子都能改变,因为每一个孩子都有成长的愿望。即使孩子对外界的帮助表现出强烈的抗拒,那个愿望始终是存在的。

美国著名心理学家斯科特·派克有一次被法官指定去一所监狱里,给一个有犯罪行为的男孩做心理咨询。法官要求这个男孩子必须接受20小时的心理咨询,待专家评估合格后才能减刑。

一开始,这个孩子完全不配合,在前九次的咨询过程中不说一句话。但是斯科特·派克并没有气馁,他相信这个孩子内心一定有积极的东西,有成长和改变的愿望。

他在面对孩子的每一分钟里,根据他对孩子的有限了解,尝试对孩子讲他对孩子的理解、猜测、想象、期待。他去了九次,讲了九个小时,到第十次的时候,这个孩子一看到他,就开始号啕大哭,并吐露心声,此后逐步和他建立了非常好的关系。

你可以想象一下,九次见面,每次一个小时,孩子没有回应一句话,派克却能够带着深情去跟孩子说话。现实中有多少家长有这样的耐心和深情,以及耐心和深情背后对孩子的信心?在和厌学孩子柔化关系的过程中,孩子常常会挑战家长的极限。如果家长表现合格,孩子就会逐步打开自己,愿意接纳家长、进行沟通。

因此,家长要对柔化过程中可能产生的挫败感有充分的思想准备。要做好"进两步、退一步"或者"进三步、退两步"的准备。这里说的退步,可能是孩子,也可能是家长自己。家长常常会被孩子表面的"冷漠、无礼貌、无信用"激怒，情绪和行为可能再次失控，但是只要家长彼此提醒、鼓励、支持，就能够重整旗鼓，重新开始柔化工作。

柔化关系，就是说家长要停下来，带着对孩子一定能改变的信心，先改变自己习惯的行为模式，变控制为接纳，变愤怒为怜悯，变暴力为柔和，变急迫为耐心，为后续和孩子的网络管理谈判、学业目标谈判打下良好的情感基础。

家长一旦开始柔化行动，就意味着家长把注意力从孩子向自己转移。调整好自己的状态，才能更好地去帮助孩子。这同样传递出一个对未来的信念：一切都会好起来的，生活还在继续。

本章家庭作业：

请家长每周完成以下任务：

1. 请为家庭本周的快乐气氛做些贡献。
2. 停止刷手机、玩游戏等不良嗜好。
3. 赞美自己和配偶本周做得很棒的三件事情。
4. 记录孩子的三个闪光点。

第四章

管理网络成瘾

健康发展的家庭是需要有规则的。

规则是爱的衍生物。

有真爱就有规则，

没有爱，

规则就会混乱。

大部分孩子的网络管理并没有父母想象中困难。当网络使用严重影响了孩子的日常生活和学习时,家长就需要采取科学的措施,帮助孩子恢复正常作息、发展自控力、挖掘学习动力。

一、家庭功能的试金石

很多厌学的孩子同时有网络和游戏成瘾的情况,这两者的关联性非常大。我们在第一章中提到了厌学的多种心理原因,其中并不包括网络成瘾。网络成瘾是厌学的一个结果,而不是原因,但是网络成瘾会对学习动力的恢复产生很大的影响。很多家庭无法有效管控孩子使用网络,导致孩子长期沉溺于网络世界,作息紊乱,断绝正常社交,恢复学习遥遥无期。

网络成瘾很容易被家长误认为是厌学的核心原因,因此,很多家长和孩子在网络问题上反复爆发冲突,而忽略了对其他更重要的因素的处理。

如果家长和孩子没有很好的情感联结，没有健康的心理边界，那么家长情绪化、负面思维倾向严重，父母之间无法达成理性的共识等因素就会导致网络管理的失败。

相反，能够有效实施网络管理的父母，都有能力完成以下重要的准备工作：在实施网络管理前，家长能认真反思以往家庭教育对孩子的不良影响（如果家长做了充分的准备，并向孩子真诚地道歉，孩子就能够感受到父母主动改变的意愿）；家长拿出实际行动，调整自己对孩子的态度，在家里保持相对积极的情绪状态，认真做好亲子关系的柔化工作；父母愿意通过学习，了解网络管理的方法；在实施管理行动之前，夫妻要商量讨论，达成一致意见，并相互配合；提前做好准备，防范激烈冲突的发生，防止冲突升级。

一位妈妈写道："经过两周的学习，我自己比之前的状态稳定了，情绪化的取向有所改变。柔化关系是'断网'前后的重要功课。我之前也不知道怎么开启'断网'这一步，后来爸爸和我决定不与孩子商量，直接断网。这倒也是一个办法。我们现在给孩子断网两周了，儿子除了第一天有点郁闷，后面并没有什么剧烈反应，每天坚持做他答应做的英语和数学作业。他的情况比我想象中好。有时候我们真的被自己想象中的恐惧吓得不敢前行。孩子在看到我们的决心后，反倒默默接受了，这是我之前没有想到的。"

另一位妈妈写道："在做柔化工作两周之后，我和丈夫达成一致，那就是断网那天，他在家陪我。我们在中午将路由器拔掉藏了起来。之前我们向孩子宣布过断网的事。孩子很快就从房间里冲出来，大喊大叫，还砸坏了几个碗。我和爸爸平静地坐着，也不发火，孩子喊了一会，对我们说'限你们下午三点前把网开通，否则我就离家出走'，然后返回了房间。丈夫和我依然在客厅里。下午四点左右，孩子出房间又是一通叫喊，但是情绪明显和缓了，对我们说'限你们下午六点前把网络恢复，不然我就去街上砍人'。到晚上八点，孩子出来和我们一起吃饭。三天后，孩子答应开始学习。尽管每天只学习一小时，但是对于一个休学一年的孩子来说，这已经是很大的进步了。"

网络管理能力是家庭功能健全最好的证明。很多家庭就是因为无法突破这一关，导致厌学问题长年得不到解决。通过努力突破这一关的家长往往发现网络管理并不困难，困难的是如何与孩子在理解的基础上，建立起稳固的心与心的联结。

二、网络成瘾，预防为先

现在很多家长都是谈网络色变。之所以如此紧张，是因为家长发现，一旦自己稍不留神，孩子就会被手机、电脑和游戏吸引过去，长时间沉浸其中，难以自拔。

世界卫生组织已经把游戏成瘾列入精神疾病的范畴。评判标准主要有两个指标：一是玩游戏的行为失控，很难停下来，并且会连续玩很长时间；二是学业、社会功能显著受损十二个月以上，例如成绩大幅下滑、不去上学，甚至不洗澡、不理发、不出门等。

我本人并不反对网络和游戏。网络是现代和未来社会运作的基石，孩子当然应该学会熟练运用网络，感受网络带来的各种好处。很多网络游戏确实非常好玩，能够带来非常多的乐趣。只要我们使用有度，就没有问题。

现在有很多很好的应用程序，可以帮助孩子更方便地学习各种知识，让他们极大地提升了学习效率。有能力的孩子可以自由地搜寻网络上的各种资源，学习任何感兴趣的知识。我认识一个初中的男孩，他花了一年时间，看了1000条

TED演讲视频，既学习了外语，又了解了很多知识。他还通过网络寻找与火箭设计相关的专业信息和资源，甚至向NASA发邮件获得想要的信息，完成了自己的火箭设计。通过网络，孩子可以交到更多的朋友，进行更为丰富的社交活动。

　　网络、游戏与孩子厌学、生活失控并没有必然的因果关系。但是，网络和游戏的确很容易占据孩子大量的注意力、时间和精力，影响孩子的正常生活和学习。因此，家长必须高度重视。尤其在国内，由于学业压力大、学习内容枯燥、孩子兴趣范围狭窄、家长和孩子的情感交流不足等原因，孩子的网络成瘾行为比较多发。据权威机构统计，青少年出现网络成瘾的概率已经接近百分之十。这也是导致孩子厌学的最主要因素。

　　如何在孩子健康使用网络与防止网络成瘾之间找到平衡，已经成了每一位家长的必修课。

　　从心理学的角度看，孩子网络成瘾是家庭功能失调的症状表现。出现问题的家庭通常有以下特点：家庭内部情感联结不深，家庭成员之间缺乏深度的交流和理解，孩子在家庭中感受不到爱的情感；家庭成员之间维系情感的方式非常僵化，情感表达方式特别单一，家长只关注孩子的学习或者生活；家长缺乏对孩子内心复杂感受的关注和理解，无法向孩子传递温暖，不愿意用心陪伴、观察、理解、倾听孩子，无法满足孩子的情感需求。

如果家长在情感层面不能满足孩子，那么他一定会到别的地方去寻找，例如看网络小说、玩网络游戏等。在网络中，孩子能够找到归属感和存在感，产生伙伴关系。在这种情况下，孩子很容易进入互联网的世界，从中寻找自己的快乐，寻找能相互理解的群体。此外，如果孩子在学业上遇到挫败，自信心不够，家长没有及时觉察到这种情况或者提供有效帮助，那么孩子也会容易前往网络游戏中寻找自信。

下面是一个网络成瘾孩子的妈妈对家庭历史做的总结，从中我们可以看到此类家庭典型的生活环境：

1. 父母对孩子高期待、高要求，常把孩子跟别人比较，孩子从小经常挨父母打。

2. 父母吵架多，吵得凶，妈妈心理不健康、焦虑，对爸爸的愤怒转移到孩子这里。

3. 父母对孩子不够接纳和认同，对孩子的很多方面（比如爱吃零食、迟到、做事慢、言行让人不满意、长得胖、爱喝奶茶）都很挑剔，经常想纠正孩子，爱讲道理。

4. 父母陪伴孩子的时间少，高质量的陪伴更少。

5. 父母在物质上溺爱孩子，包办孩子的一切，没有边界。

6. 爸爸处于半缺位的状态，其生存模式是回避加忍受，每天泡在工作或其他行为里，话少，不注重情感交流，和孩子基本没有有价值的联结。父亲的身份大于父亲的内涵。

7. 孩子渴望有朋友、被关注、被认可。孩子的人际关系不够好，没有贴心的朋友，只有普通同学。

8. 孩子没有参加初升高的补习，高一学业难度增大，考试让他很崩溃，妈妈没有给予他支持、鼓励。

9. 孩子在初二被班主任严厉批评过一次，带有一定人身攻击。孩子说想打他，班上有个同学长期言语欺凌及骚扰他。

在一个缺爱，多争斗、怨恨的家庭环境中，孩子只有一头扎进网络中，才能找到暂时的心理安慰。

因此，预防孩子网络成瘾，需要家长从家庭内部和外部补足孩子心理成长过程中需要的精神和情感营养。

从家庭内部来讲，要解决家庭内部情感单一、僵化或者疏离的问题。只有家长不断提高自己精神世界的丰富性，才能在孩子成长过程的每个阶段,有能力和孩子进行丰富的情感交流。

下面是一位爸爸在反思后做的改变计划:

1. 保持积极的心态面对家庭现实。

2. 在行事和说话之前做到充分反思。

3. 在与孩子的交往中柔化关系,观察孩子的语言和行为,以良好的态度进行沟通,拉近亲子关系,学会热爱生活。

4. 在家庭中保持积极的行动力和生活节奏,与伴侣共同营造家庭的快乐氛围。

5. 爱运动,有活力,提高生活情趣。

家长只有让自己的生活焕然一新、充满活力,才可能积极地影响孩子。

除了家庭内部的改变,家长还要想办法从家庭外部寻找更多的支持资源,要想办法满足孩子对归属感的需求。家长可以鼓励孩子与同伴聚会、参加团体活动或旅行。孩子在进入青春期以后参加聚会,家长只需要关心三件事情:今天是去干什么?跟谁在一起?几点回家?孩子需要在家庭之外有一个属于他的社交网络。如果家长或老师把孩子的社交途径掐断了，那么孩子就很容易到网络中去寻找和建立人际网络。孩子在网络中建立的人际网络相对比较复杂，但是孩子对在这些人际网络中获得的关系是非常珍视的。在这样的情况下，如果家长用简单、粗暴的网络管理规则来约束孩子，那么必然会引起孩子的强烈反抗。

只有首先建立健康的家庭关系，才能最终解决孩子的网络成瘾问题。

如果家庭内部和外部的问题得到解决，那么孩子就更有可能在运动、音乐、艺术、读书等兴趣爱好的培养上有所突破。当孩子体会到运动、艺术等方面的乐趣时，网络游戏带来的快乐就不再是唯一的快乐，他就可以实现更均衡的发展。

预防孩子网络成瘾还要从小抓起。家长要坚定地管控孩子的网络使用时间。小学阶段是培养孩子学习兴趣和学习习惯的重要阶段，手机网络是一种让孩子被动接收信息的形式，非常容易让孩子丧失主动学习的能力，变成一台"反应机器"。因此，在小学阶段，家长要尽量严格控制孩子使用手机网络的时间，每天最多不超过半小时，周末不超过两小时。

如果要培养孩子对于使用网络的兴趣，那么家长就一定要参与其中，帮助孩子找到好的网络资源，有目的地使用网络，例如利用互联网搜集相关主题信息、制作一份社区的地图、为旅行做一份攻略等。

家长也需要管理孩子玩游戏或者聊天的时间。如果家长在早期就在家里建立严格的管理规范，那么孩子从小就能在网络使用方面养成很好的习惯。

三、网络管理的三步骤（建议在心理治疗专业人员的指导下实施）

一旦孩子已经有了长时间沉浸在网络、手机中的现象，而且严重影响到学习、生活，家长就需要通过准备阶段、告知阶段、拉锯阶段三个步骤来管控孩子的网络使用情况。

第一步，准备工作。

最关键的是家长做好管理网络的心理准备。家长要能够下定决心，坚定地实施网络管理的行动。

很多家庭网络管理失败最主要的原因就是家长彼此观点不一致，行动上不能相互支持。

如果家长寄希望于跟孩子讲道理、签订网络使用协议，那么基本没有可能获得成功。绝大多数孩子是无法有效自我控制网络使用情况的，会在协议签订后的很短时间里打破协议的约定。

这类家长往往是对孩子的心理状况理解不够，内心害怕与孩子发生冲突，缺乏理性思考。这类家长在数次碰壁之后，常常会走向极端，对孩子采取完全放弃的态度，内心充满对孩子的怨恨。他们其实在很久以前，就放弃了对孩子的管理。他们不只早就放弃了对孩子的管理，还早就放弃了和孩子的心理交流，放弃了对孩子的关怀。孩子其实已经被忽略好久了。家长不敢去收手机、关闭网络，是因为家长心里知道，如果孩子不上网了，自己都不知道如何面对这么一个活生生的在精神上嗷嗷待哺的生命。家长不知道孩子在想什么，如何和他进行对话，如何走进他的内心，如何了解他的困境，如何帮助他解决问题。规则其实早就被家长自己废弃了，现在重新设定规则遇到的困难一定很大。家长其实害怕直接面对孩子。

孩子网络成瘾的家庭是非常缺乏理性力量的家庭。非理性的迷雾在家里弥漫了好长时间，所有人都沉浸在这种迷雾里面。建立起清晰的规则，对家长比对孩子的难度更大。

在有些家庭中，夫妻因为关系不好，就家里的任何问题都很难达成一致的意见，往往选择将问题搁置，结果问题越来越严重。在这种家庭中，孩子的成瘾情况会持续很长时间。解决的方法就是不要期望夫妻双方能够达成一致，而是由最想解决问题的家长直接管控孩子的网络使用情况，想办法把不配合的家长推开。当然，由于得不到另一方的支持，实际操作起来的难度会大很多。

还有一些家庭是上一辈直接插手家庭管理，不让孩子父母管孩子玩游戏或者偷偷支持孩子玩。这样的问题和孩子成瘾的管理就没有直接关系了。这是家庭权力争夺的问题。大人们需要先解决好这个问题后，再来谈孩子教育的问题。

如果夫妻能够在网络管理问题上进行协商，达成一致的意见，就可以行动起来，往前推进。虽然依然有失败的可能，但是，因为夫妻有了协商，相互有了支持，即便失败一次，也可以通过相互讨论，吸取经验教训，重新开始管理。

除了下决心之外，协商和准备的工作还包括讨论管理网络的具体行动，例如手机如何收，网络如何断，孩子砸东西、把自己锁起来、离家出走怎么办，如何预防孩子自杀、自残等情况发生。由于每个孩子、每个家庭情况不同，家长在原则上需要和有经验的咨询师讨论具体的细节。

第二步，告知。

家长意见一致后，就可以将决定告知孩子了。告知孩子的时候，最好父母双方同时在场，当着孩子的面讲清楚。如果孩子关上房间的门，不见家长，那么家长可以在门外大声告诉孩子。实在不行，家长可以用微信、短信的形式告知。

告知的目的是把家庭目前混乱的情绪"洪水"用两道加固的堤坝约束起来。"洪水"可以继续翻腾，但是不能超过堤坝，而且必须沿着堤坝方向一路向前流动。告知孩子家长的决定可以让家长不再和孩子进行各种无谓的争论，而是在大的行动框架之下，把能量朝解决问题的方向引导。告知孩子自己的决定更是在明确提醒家长自己未来行动的原则和规则。

注意，这一步不是在和孩子讨论断网，而是试图告知他："爸爸妈妈看到现在你已经完全沉浸在手机、网络之中，生活作息紊乱，无法进行正常的学习。网络已经对你的心理和身体造成很大损害。从本周一开始，我们不允许你使用网络和手机了。等你的作息和学习完全恢复正常后，我们会考虑重新让你使用网络。"

在告知阶段，家长可以在行动前，多次告知孩子家长做的决定，例如一周内三次告知后再采取行动。多次重复告知可以让孩子觉得自己被尊重了，也可以让孩子了解家长的决心以及做这个决定的理由。

再次强调，是告知、通知孩子，不是和孩子讨论或者谈判。如果孩子是小学生，那么就不需要谈判。初中、高中的孩子在家长实施网络管理后的反应可能会更加强烈。家长需要做的就是耐心倾听，让孩子的情绪能够表达出来，但是不管孩子说什么，家长依然要坚定地反复告知孩子自己的决定，不要因为孩子的说辞动摇。孩子会提出很多反对理由，例如：他目前没有动力去学习，只有网络可以带给自己一点快乐；家长不守信用，明明上周答应他可以使用手机，现在又要反悔。其实家长只需要坚持几个基本点：第一，孩子目前的网络使用情况已经严重影响身心健康，这是不好的；第二，孩子以往经常违背承诺，说明他已经失去自我控制能力，因此需要家长出面干预；第三，网络可以再次使用的前提是孩子的作息、学习完全恢复正常状态。

健康发展的家庭是需要有规则的。规则是爱的衍生物，有真爱就有规则。没有爱，规则就会混乱。孩子网络成瘾的原因就是在家庭内部缺失爱，家庭内部的规则是混乱的。

因此，不管孩子说什么，家长坚持住以上三个基本点就可以了。家长越坚定，孩子越安心。从根本上来讲，孩子是需要家长在爱的基础上去引领他走出成瘾的困境的。这也是为什么大部分孩子在家长坚定地实施网络管理后，能够很快安静下来并接受现实的原因。他们内心清楚地知道网络的危害性。

如果家长无法在孩子面前表达以上内容，或者仍打算以商量的心态，和孩子达成协议，那么这说明家长内心还没有做好告知孩子管控网络的心理准备。

有些家长会问，那孩子大哭大闹、要死要活怎么办？其实，这个问题很好解决。孩子在长大的过程中，很多时候，例如断奶、剪指甲、上幼儿园、上小学、早起、自己穿鞋、不准吃零食、不能连续一个小时看电视、晚上十点准时睡觉、分床睡等，都会因不合心意而大哭大闹。绝大部分家长都挺过来了。所以网络管理这件事情怎么会挺不过去呢？

挺不过去是不可能的，除非父母是"残疾"人。这里说的"残疾"指的是家庭教育或者家庭功能缺失，家长让孩子放弃不良嗜好的心理能力欠缺。

有不少妈妈和孩子在心理上的共生现象比较严重，当孩子稍微表现出一点痛苦时，妈妈就受不了，先投降，放弃家长应该担起的管理责任。在这种情况下，妈妈就需要觉察自己与孩子的心理边界，增加对网络管理的理性认知，必要时寻求个体心理治疗。

在这里我要替孩子说两句话。如果家庭生活毫无乐趣，家长不是搓麻将就是忙工作，玩网络游戏玩得入迷，除了看孩子做功课外和孩子没有别的情感互动，或者和伴侣天天吵架，不关心和爱护孩子，那么孩子上网打游戏更可能是在逃避生活的无趣。管理网络归根到底不是进行简单的控制，而是家长和孩子建立丰富的情感联结。家长只是单纯管理手机，之前没有反思和柔化亲子关系的铺垫，就有可能导致比较危险的后果。我在这里强调一下，前面讲的柔化亲子关系其实是非常重要的。柔化工作做得越好，网络管理就越容易。

第三步，拉锯。

拉锯的过程包括：没收手机和断网；和孩子进行谈判，达成关于网络使用时间、作息制度、学习时间的协议；解决执行协议时出现的冲突。

在告知阶段后，断网和收手机、电脑要果断、迅速。家长要全天在家中陪孩子，应对孩子可能出现的各种情绪和行为反应，防止危险行为的发生和升级，直至孩子情绪稳定下来，愿意和家长进行谈判为止。夫妻两人要共同参与整个过程。基本原则就是坚定而温柔。坚定就是行动不要拖泥带水，温柔就是对孩子没有敌意，接纳他的情绪。在执行断网，收手机、电脑的行动之前，家长需要对孩子可能出现的反应进行预判，并做好相应的危险防范工作。危险防范包括：管制家中刀具、加装窗户保护设备、限制孩子手里的金钱等。

这个阶段往往是全家都比较抓狂的阶段。孩子会用各种方式挑战家长，但是，如果家长坚持得好，那么孩子一般会在数天之内安静下来。家长越坚定，孩子妥协得越快。

这里需要提醒家长注意的是，在和孩子拉锯的时候，拒绝给孩子开放网络的态度应该非常坚定。家长不要有太多负面情绪，不要动不动对孩子发脾气，甚至打孩子。打孩子的行为是一种野蛮的教育方式，会对孩子造成持久的身心伤害。家长要完全杜绝这种行为。

有一位母亲写下了下面这段话：

我的孩子在家里断网时真诚地和我说："手机就是我的妈妈，我怎么离得开呢？"我当时并不明白孩子说这话的深意。现在懂一点了。孩子为什么会依赖手机？因为他没有妈妈的爱。没有妈妈的爱，一个孩子是不可能活下去的，人要活下去，不是吃饱穿暖就可以，必须有妈妈的爱才行。妈妈的爱是一个孩子生命成长的动力和源泉。我们的孩子从小就没有得到过妈妈充分的爱。他要活下去，就需要依赖手机，靠手机续命。说起来挺恐怖的，也许事实就是如此。我会想，为什么要断网？断网后我们要做些什么？我们把孩子续命的手机断了后，就要马上把妈妈的爱补起来，还要"大补"才行。在断网后，补爱是关键。要允许孩子好好休息，给孩子做好吃的，陪伴孩子。这时学习是次要的。休息好了，才有效率。

拉锯的关键在于，在孩子没有网络的时候，家长如何更好地关心孩子，表达自己对孩子的接纳和善意。孩子在没有网络的情况下，最初会暴躁、愤怒、感到无聊，情绪也比较低落，甚至晚上很晚都无法入睡。这些都是网络成瘾的"戒断症状"。家长需要耐心陪伴，尽量满足孩子上网以外的需求，可以多陪孩子玩，给孩子买礼物，和孩子讨论感兴趣的问题，陪孩子进行有趣的活动。拉锯阶段需要家长在精力和时间上有更多的付出。所以在这个阶段，家长千万不要期待孩子的学习动力会迅速恢复。相反，在断网之后，孩子的学习动力恢复起来依然是非常缓慢的。家长这时候切记过早放弃努力，反而要多学习如何理解青春期孩子的思维特点、情绪特点，如何和孩子进行对话，减少自己对孩子全面掌控的欲望。

处于初中、高中阶段的孩子的网络成瘾往往和他在学校社交孤立、学业压力大、心情不好、无法和父母交流等因素有关系，所以处理起来要更加谨慎。谨慎主要体现在准备阶段，时间要更长。家长要先进行足够的情感联结，表达关心，提出关于学习和社交的意见。这个年龄段的孩子在情绪不好的时候，态度比较差。家长千万不能过于情绪化，要避免进行言语或者行动反击，要有足够的耐心，以柔克刚。

如果孩子在网络管理后，能够比较快地恢复作息和学习，那么家长在观察一段时间后，可以和孩子进行协商，制定使用网络的规则，归还手机。如果孩子各方面恢复缓慢，那么家长坚决不能归还手机。一定要等孩子各方面都恢复正常后，才可以谨慎、有条件地让他使用网络。

归还手机之后的网络管控拉锯既不能过于极端，也不能过于松散。在日常生活中，冲突、平静、亲近的比例要适当。

这里说的冲突是指当孩子违反规定时，及时指出，并按照规则进行处罚。但家长也不能过于严格，要有变通的余地。例如限制孩子玩一个小时游戏，但是孩子因为一些理由要多玩二十分钟，那么家长可以允许一次。但是只能是偶然一次，不能经常如此。这样做可以让孩子感受到家长的灵活性，感受到家长对他的接纳。

平静是指家长不要因为孩子违反规定就大发雷霆，要保持平静的心态，坚持原则，情绪稳定，对孩子充满信心。在没有冲突的时候，家庭成员相互不干扰。对家长来说，这是休养生息的阶段。家长要避免一天到晚高度警觉，对孩子的一举一动密切观察，也要避免一直沉浸在不安、焦虑等负面情绪中。如果家长不平静，那么孩子就会解读为家长对他不接纳，就会进行心理防御。这非常不利于孩子的恢复。

亲近是指利用一切机会，加强亲子之间的情感联结。家长要想各种方式，比如讨好孩子，和孩子一起做喜欢的事情、讨论未来的目标等，与孩子进行情感交流。

亲近非常重要。我十分强调与青春期孩子进行深度交流的必要性。家长千万不要认为，孩子那么有主见，根本不需要别人给什么建议。其实不然，青春期的孩子是非常需要和大人进行交流的。家长要运用一些方法和规律，利用一切机会，和孩子进行深度交流，比如谈秘密、谈八卦、谈看法、讲他人的好或坏、谈未来、谈自己、谈理想等。一次亲密的深度交流常常能够突破性地拉近孩子和家长的心理距离。

与青春期孩子拉锯的能力，是家长的心理健康程度高低、情绪管控能力好坏的最好的衡量指标。归根结底，孩子网络成瘾是家长自身的问题。

不少长期上网的孩子由于日夜颠倒、内心冲突等原因，会有比较严重的抑郁情绪。他们通常脾气暴躁，过胖或过瘦、生活自理能力下降，饮食明显减少或者增加，甚至有自杀、自伤的行为。如果有这种情况，建议家长尽快带孩子去精神卫生中心或者综合性医院的心理科就诊，在医生指导下服用药物，或者接受住院治疗。

四、成功的网络管理案例

雨芳（化名）是一位离异妈妈，也是公司的财务负责人，平时工作非常忙，对处于青春期的女儿疏于照顾。在孩子出问题之前，孩子一直在班里名列前茅。

从初二上学期开始，女儿突然开始断断续续不上学，在家每天花十多个小时玩手机。她拒绝和妈妈交流，常常将自己反锁在房间里。每当雨芳要进她的房间时，她就会非常愤怒、烦躁，叫雨芳出去。雨芳最初的感受是非常绝望。她完全没有想到，平时一贯乖巧的女儿会给她出这么一个难题。她想，自己平时工作已经非常忙了，现在孩子这样，不是给自己添乱吗？因此，在最初的一个月里，雨芳跟女儿发生了好几次大的冲突。她完全不能接受女儿这样的状态，女儿则完全不理会她，像变了一个人，开始把自己锁在房间里不出来。

雨芳在冷静下来后，意识到问题不一般。在经过一段时间的学习和反思之后，雨芳开始改变态度，柔化关系。

雨芳记录下了这段艰难的拉锯过程：

"在开始一段时间，女儿仍然是房门紧锁，不愿见我，也不和我微信沟通，作息时间不定，几乎是黑白颠倒。我每天把一日三餐放在房门口，孩子看见我不在，就会把饭拿进去，吃完再把空碗放到门口。我虽然有房门钥匙，也不敢轻易进去，怕激怒孩子。

"我知道，起步是艰难的，但我必须坚持，即便女儿仍在我和对抗、拒绝交流，我也会通过写信、发短信、发微信、隔着紧闭的房门说话等所有途径尝试和女儿沟通。因为我明白，现在女儿可依靠的也许只有妈妈了。就像一位老师说的那样，妈妈是孩子的神，妈妈内心有力量，孩子就什么都能做到！"

在柔化关系一段时间后，女儿感受到了雨芳的改变，能够隔着门和雨芳做简短的交流，也能够给她发微信。于是，接下来，雨芳打算趁着"五·一"长假，进行网络管理。她写道：

"'五·一'前几天，我给女儿发微信表示，我希望她能恢复正常作息时间，以后每天晚上七点到十一点才是允许上网的时间，其他时间可以看书或者进行其他活动。女儿没有太大的反应。'五·一'前一天，我再次给女儿发微信，告知需要限制上网的时间，女儿还是没有反应。'五·一'假期开始后，我就把家里的网切断了。然后我就守在孩子房间门口，听着孩子在里面咒骂、摔东西。几个小时后，孩子慢慢平静下来。我不放心，于是用钥匙打开女儿的房门，和女儿说了几句话，似乎女儿对我说话很反感，会发怒，要我'滚'。我坚持不走，女儿还会蒙头，在被子里哭号。我就静静地站在她床边，温柔地看着她，不说话。等她安静一会儿后，我用手轻轻地拍了一下她的身子。女儿扭动身体，踢床板表示反抗，不愿让我触碰她。

"五月一日下午三点左右，女儿还没有吃饭。我进了女儿房间，女儿坐在床上，不说话。我蹲下来，面对女儿，柔声对她说'我们吃饭吧'。女儿面无表情地说'出去'。我没有动，继续说'妈妈想陪陪你'，女儿说'滚'！我还是没动，用平静的语气对她说'妈妈前几天和你说过了，你需要调整作息时间，只能在晚上上网四个小时'。女儿很烦躁，大声喊'别说了'！然后用被子把自己完全蒙了起来，并开始低声哭喊，听起来很痛苦的样子。我站起来，看着她，心里很是心疼，却不知道该如何安慰她。过了一段时间，女儿情绪稳定了一些，我轻轻对她说'妈妈抱抱你好不好'。女儿听到我还在房间，更加愤怒，再次说'滚'。我站了一会儿，感受到女儿还没有接纳我，还在愤怒的情绪中，就走出了女儿的房间，轻轻把门带上了。

"大约过了五分钟，我听到女儿把门锁上了。又过了几分钟，可能是女儿饿了，我听到了轻轻开门锁的声音。女儿好像很警惕，左右看了看，停顿了几秒，才走出房间，快走到书桌旁时，发现我在次卧的房间里站着看向她，她有点错愕。突然间女儿挥手把书桌上的饭菜和汤全部打翻了，碗筷在地板上猛烈撞击，发出了刺耳的声音。女儿面无表情地转身，重新回到了房间，锁上了门。我没有说话，轻轻地把打翻的饭菜收拾好，拖好地。随后我到厨房，又给孩子重新做了一份饭，端进孩子房间。女儿对我再次进她的房间并没有感到烦躁，只是静静地坐在床上。我温和地对女儿说'趁热吃吧'，然后出了女儿的房间。过了一段时间，我再进去时，女儿已经把饭吃了个精光。

"在接下来的一段时间里，虽然女儿还是和我对抗，但是当我再进房间时，她只是坐在床上，不说话。在我蹲在床边和她四目相对时，她能用眼睛直视我。虽然眼神中有愤怒与冷漠，但我还是觉得高兴，因为女儿愿意面对我了。女儿虽然出言不逊，但是通过这样的方式，她把内心的压抑释放出来了。我能理解她的痛苦。我在被她攻击时，不觉得委屈，不内耗，温柔地坚持着。"

在这段惊心动魄的网络管理和拉锯过程中，雨芳首先在坚持规则方面做得比较坚定，将网络管理的信息告知孩子几次后，在规定时间果断断网。断网后，雨芳一刻不离孩子身边，做安全的评估。雨芳在柔化关系上也做得很好。不管孩子的情绪反应多么大，多么无理，雨芳总是全盘接纳，用温柔的态度对待孩子内心的狂风暴雨。

雨芳坚定而温柔的态度，给孩子传递了稳定的力量。这个孩子没过多久就走出房间，走出家门，开始了恢复学业的旅程，半年后就回到了学校。

薇薇（化名）是一个初二的女孩，休学一年，有过自伤的行为，被诊断为抑郁症，目前在服用抗抑郁药物。因为之前有一个心理医生对父母说孩子可以放开了玩手机，结果孩子休学后很快对手机上了瘾，每天玩手机十几个小时。后来父母开始启动网络管理。家长把手机没收后，孩子就在家里大吵大闹，砸东西，咬人。好在爸爸陪着妈妈一起，能够控制局面。爸爸妈妈保持情绪稳定，温柔地坚持，在家里耐心地陪着她，看着她吵闹、蹦跳。后来孩子蹦不动了，就躺在床上睡觉，不吃饭。第二天，她接受了爸爸妈妈提出的每天使用手机三个小时的限制。

接下来需要孩子恢复有规律的生活作息，晚上不熬夜，白天早起床。爸爸妈妈也是采用"温柔地坚持"的方法。比如，要孩子七点起床，一到七点，爸爸妈妈两个人就进去孩子的房间，坐在她床头笑眯眯地看着她，不发火，直到她起床为止。这样坚持做了几次，后来孩子自己主动起床了。所以家长们在和孩子拉锯的时候，一定不要和孩子发生无谓的冲突，但是也不要惧怕冲突，可以发生一些小冲突，去坚持规则。

有家长会问，这个孩子后来为什么能够这么乖？最重要的原因是家长自己先做了很多改变，比如妈妈放弃了打麻将的习惯，经常和爸爸在一起讨论怎样解决孩子的问题。在得到配偶的支持后，家长的情绪就会更加容易控制。很多家长容易对孩子发火的重要原因往往是一方家长觉得另一方不支持自己，自己很累、很委屈。如果得不到支持，家长就会发更大的脾气，宣泄在孩子身上。如果父母能够互相谅解，经常在教育上进行理性讨论，那么他们发脾气的可能性就会很小，更可能用理性的方法对待孩子。

有一天孩子没去补课，妈妈觉察到薇薇的情绪似乎不太稳定，告诉了爸爸。后来爸爸偷偷检查了她的手机，发现她在手机上下载了一款社交软件。于是，爸爸妈妈就找孩子正式谈话，讲清楚道理，把手机没收了。薇薇开始大吵大闹，爸爸妈妈继续温柔地坚持。在几个小时以后，她平静下来，最后同意把那个软件删掉，答应不再做类似的事情，要回了手机。薇薇的手机使用时间很快就减少到每天一个小时，有时候也可以不玩。

家长不通过剧烈冲突，而通过小冲突，跟孩子进行拉锯。妈妈经常会跟孩子进行交流，陪她出去玩，买她喜欢的东西。爸爸同样如此。他们在不发生冲突的时候关系还不错。即使发生冲突，他们也会很快恢复关系。这是一个成功的通过拉锯管理手机的例子。

小林（化名）是一个初一的学生，网络成瘾大半年了，爸爸妈妈经过网络管理的拉锯，基本帮他恢复了正常作息。网络使用时间从原来每天十几个小时降到每天不超过两个小时。为了帮助孩子早日回归正常生活，家长约定了作息时间，包括网络使用时间、做家务时间、运动时间等。如果孩子沉迷于网络，家长只断网和没收手机是不行的，重要的是在没有了网络后，要安排他干什么。

由于以前采取打骂、惩罚的方式无效，所以小林的父母开始采取比较柔和的方式，趁孩子情绪好的时候和孩子商量事情。如果孩子遵守约定，家长就会及时给予肯定，从而让他知道他的正向行为都被父母看到了。

妈妈写道："这周我趁孩子高兴的时候，提出让他帮忙买菜、准备母亲节礼物的请求，孩子愉快地答应了，并且很快就买回来了。我和爸爸大声地称赞孩子能够为家庭分担责任，真懂事。但是我们也会遇到问题，比如在晚上该睡觉的时间，他经常玩，一高兴就停不下来。我等他游戏结束就立刻断网，他难免会不高兴，但坚持了几次以后，孩子也看到了我们的决心。通过一段时间的斗争后，孩子基本上能够遵守约定。我们记录了孩子近三周的作息时间表，并反馈给他。我们让他看到了自己是如何一步步做好的。他每周都有进步，对管理自己越来越有信心。"

在这个例子中，家庭管理网络的效果是不错的。在断网的时候，一定要让孩子觉得爸爸妈妈在根本上是接纳他的，他还能从中得到其他的好处，比如说玩的机会，或者一些奖励。

五、注意事项

进行网络管理的目的是为孩子恢复学习动力扫除障碍，因此断网只是手段。我们要让孩子知道家长的最终目的并不是不让他玩手机和使用网络，而是希望他通过科学的调整，恢复正常的生活和学习状态。沉溺于网络会破坏恢复的过程。

在实施网络管理之后，家庭真正的问题就会暴露出来，例如亲子情感交流模式单一、僵化，家长对孩子的内心世界完全不了解，家长容易情绪化或有负性思维习惯，夫妻不和，家庭气氛差，家庭功能弱等。这些问题需要家长在后面一个一个解决。如果不实施网络管理，这些问题就会被长期掩盖在孩子网络成瘾的表象下面，迟迟得不到解决。

很多厌学家庭在网络管理环节会停留太长时间。其实，从孩子改变的完整过程来说，实现网络管理最多只走完了这个过程的百分之二十到三十，后面还有百分之七十的路要走。因此，这个环节是一个关键环节，越早突破越好。

事实上，很多家庭在曲折中前进，因为家长的思维模式不是一下子能够改变的。在断网过程中，家长经常会产生犹豫、反复的心理。家长要对自己宽容一些，允许失败和反复。在每次失败后，家长需要认真总结经验和教训，不能把失败看成对孩子或配偶怨恨的理由。

家庭作业：

1. 在实施网络管理之前，家长做了哪些柔化关系的工作，取得了哪些比较好的效果？

2. 家长判断孩子网络成瘾的依据主要有哪些？

3. 家长在网络管理之前需要做哪些准备工作？

4. 孩子出现哪些情况，需要先去精神科或心理门诊就诊？

5. 在实施网络管理之后，孩子出现了情绪低落、闭门不出的情况，家长该如何应对？

第五章
启动学业目标

家长坚定地启动学业目标，
是给孩子最大的信任，
也是给他最好的礼物。

所谓启动学业目标，就是网络管理任务完成之后，家长通过分析和调研，做出符合孩子未来利益的学业决策，明确孩子短期、中期和长期的学业目标，告知孩子，并就如何完成目标和孩子进行讨论，保持孩子面向未来的积极的心理张力和行为动力。

一、亲子关系变好了，为什么孩子还是不愿意上学？

当家长把关系柔化的行动进行一段时间之后，他们和孩子的关系通常会发生比较明显的好转。亲子之间的对抗次数和强度都会显著下降，家庭氛围逐渐缓和。

家长做的改变主要包括开始认真思考孩子厌学行为背后的动机，改变原来简单粗暴、过于控制的行为模式，减少对孩子的负面评价，向孩子多次真诚道歉，给予孩子充分的溺爱，建立比较好的家庭氛围等。在家长放松下来后，孩子也会放松下来，对自己的自责减少，在家里待着更加自在，对父母的回避行为减少，愿意参与部分家庭活动。如果网络管理的工作能够做到位，那么孩子的状态还会进一步好转。

但是，在这个时期，家长会发现，孩子对学习的兴趣依然是非常缺乏的，不做作业，不看教科书，不愿补课，整日无所事事，没有复学的迹象。有些孩子会开始做一些自己感兴趣的活动，比如画画、做手工、打球、看玄幻小说等。有些孩子因为长期休学在家，以往的知识积累没有了，自己偶尔看一会儿书，发现看不懂，于是心里完全丧失了信心，索性拒绝学习。有些孩子会进行一些学习活动，但是学习时间和强度都远远低于正常情况。在这种情况下，如果家长不做些什么，那么这个时期往往会持续很长时间，由柔化关系带来的改变和希望也会渐渐地损耗掉。

改变这种状况的方法就是我们要把改变的过程继续向前推进。在柔化关系和网络管理之后，我们紧接着就要开始第五步，帮助孩子制订明确的学业决策和具体的学业目标。

所谓学业决策和学业目标，就是在孩子进入社会开始工作之前，要在哪些学校进行怎样的知识和技能学习。最终目标是孩子能够在经济上独立，养活自己，生存下去，做自己喜欢的事情，过自己想要的生活，发挥自己的潜能，为社会做贡献。

我们的社会教育体系已经给孩子提供了常规的学习路径，让孩子在学习知识、技能的同时逐渐心智成熟。现阶段，各类学习机构非常多，各类学习资源非常丰富。当传统方式不行的时候，家长和以前相比有更多选项可以帮助孩子学习。家长需要打开自己的思路，做出适合孩子实际情况的决策。

小赵（化名）是一个初二的男孩。半年前，他因为在学校跟老师闹不痛快，就不去学校了，在家里待了半年，拒绝学习，每天打游戏、看网络小说，日夜颠倒。他长得很高大，家长不敢跟他正面对抗，前来找我咨询。经过几次交流，家长在我的指导下，做了很多柔化的工作，亲子关系开始缓和。接下来，我请家长思考，如果孩子上学，去哪个学校比较合适。家长想了想，说："李老师，我觉得您这个问题很好，我们还挺难回答的。"我问："为什么呢？"孩子爸爸说："因为孩子的学习习惯不是很好，性格比较敏感，自尊心很强，听不得老师的批评。如果选择公立学校，老师就会比较严格，对孩子管得比较多。孩子不服管，就会有对抗的心理，肯定会影响学习，甚至就像这次一样，索性不去上学。国际学校可能在心理环境方面会好一些,但我们对国际学校不太熟悉,可能会遇到很多不确定因素。"

我向家长提问的目的是启发家长对未来的思考,从而发现问题在什么地方,然后解决问题。

孩子父母经过进一步讨论,决定先搜集学校信息。他们花了两周时间,搜集、筛选了很多学校信息,还实地考察了四所不同性质的学校。

经过认真考察和讨论之后,家长鼓足勇气,邀请小赵一起坐下来,对他明确、清晰地表达了要求他一定恢复上学的诉求,至于上什么学,可以和父母一起讨论。出乎意料的是,小赵听了之后比较平静,并没有激烈反对。于是家长把调研的结果告诉了孩子,孩子居然很感兴趣。一家人在一起做了讨论,最后选择了两所学校,又安排时间一起去做了考察。这次谈话让父母信心大增,因为他们看到孩子内心其实是有学习的愿望的。如果只看孩子的表面行为,而不去引领孩子,那么就会错失大好时机。

接下来,在和小赵讨论学业目标以及参观学校的过程中,小赵的父母还做了其他的调整,比如他们设计了一次"搬家行动",告诉小赵要把原来的房子装修一下。小赵本来在他自己房间里待了半年，天天打游戏，还不肯让父母进去。搬家后，全家不得不住进一个比较小的出租屋里，孩子没有了单独的房间。与此同时，家长开始适度减少孩子上网的时间。在整个过程中，家长和孩子沟通的态度非常好，孩子很少对抗家长。在原来的家装修好之后过了几周，他们搬了回去。在搬回去之前，家长和孩子达成了一个网络管理协议，相当于做了一个重新开始的仪式。

在这期间，孩子对候选学校进行了二次考察，最后确定了一所心仪的学校。差不多在休学一年后，孩子又重新返回了校园。小赵因为性格问题，在进入新学校后，依然面临了很多挑战，例如经常与他人发生冲突。尽管如此，因为有了之前和父母一起渡过难关的经历，小赵对家长的信任加深了，所以当他在学校遇到一些情况的时候，会主动回家向父母讲述，也比以前更愿意倾听父母的意见和建议了。

二、有目标才有会有动力

在孩子厌学的家庭中，由于亲子关系不好，很多家长不太敢和孩子谈学业目标，怕激怒孩子，同时觉得讲了也没有用，孩子要么不听，要么直接拒绝。当然，孩子通常是会抗拒家长跟自己谈目标的。但是，孩子自己也明白不去上学的利害关系。很多家长意识不到这一点，即便在网络管理和柔化关系做得不错的情况下，依然不敢和孩子谈学业目标。这是家长对孩子缺乏信心、对未来缺乏勇气的表现。

家长要知道，如果不及时给厌学的孩子设定学业目标，孩子往往会在家里待一两年，甚至三五年。孩子在中断学业以后，会丧失接受进一步教育的可能性。同时，他的自尊、自信会受到极大的打击。他会觉得别的同学都上高中了，甚至上大学了、去工作了，而自己只能待在家里。于是，他便越来越沉溺于网络。他发现，在网络世界里，自己可以很厉害，比如做一个国王或者带队的领袖，大家都很崇拜他。他当然愿意沉浸在这种虚幻的感觉里，更加难以去面对上学的挑战。孩子一旦不去上学，就有可能长期不去上学，无法开启属于自己的人生。

孩子在初二之前这一段时间，内在心理结构相对还是比较单纯的，他关注的还是知识和技能的学习。到了初三，孩子会开始启动一些更为复杂的心理程序，例如对人生意义更为现实的思考、对社会问题的思考、对亲密关系的探索和体验等。在启动这些心理程序以后，孩子的情绪更容易受到外在因素的影响，例如文学作品、影视作品、同学关系、恋爱体验、网友观点等的影响。如果孩子以前跟父母发生过冲突，小时候有比较大的心理创伤，那么他在这个阶段就会更容易表现出混乱的状况，甚至会有强烈的抑郁或自杀倾向，或者抽烟、打架、喝酒等反社会行为。这个时候家长再和他开始讨论学业决策，难度会大很多。对于家来说，越早意识到问题，越早开始改变，效果越好。

孩子因为厌学导致学业中断之后，家长要尽快和孩子进行学业目标的讨论，这样做的好处就是不让孩子认为他待在家里可以是一种长期的状态。所以，如果孩子待在家里几个星期，家长就要开始跟孩子谈回到学校的事情了。父母其实是有绝对的权利和义务要求孩子继续学习、完成学业目标的。当然，孩子从拒绝去学校到恢复上学的过程，短则数月、长则数年。有研究数据发现：如果孩子在家待一年，基本上平均要花两年的时间才能回到以前的状态。家长给孩子设定上学目标，并不是马上要孩子恢复学习，而是在告诉孩子，也告诉自己，目前在家休整的状态是暂时的，最终还是要回到以前的状态。

和孩子谈学业目标还有一个好处，就是他会隐隐觉得父母没有放弃他。如果父母长期不跟他谈目标，孩子反而会觉得父母已经放弃他了，或者对他已经丧失了信心。如果家里还有第二、第三个孩子，他的这种感觉就会更强烈。如果家长长期不和孩子谈学业目标，事实上就是放弃了家长引领孩子成长的义务和责任。

孩子不去上学的时间越长，他对学业的恐惧感就会越强。即使他恢复了上学的意愿，他学习起来也是非常困难的。心理的困难会转化为巨大的现实困难。

现在有一种有害的观点，就是很多父母认为：要让孩子自发地去成长，要静待花开，不管孩子做什么，不上学也好，玩游戏也好，都要无条件地接纳。我是坚决反对这个观点的，因为这个说法很容易对家长产生误导。这个观念从理论上来说是有一定道理的，但是孩子不是生活在真空里，而是生活在父母创造的心理环境里。创造一个静待花开的家庭环境，对父母的思想境界、行动境界的要求都是非常高的，一般的家长绝无可能做到、做好。很多提倡在家庭教育中"静待花开"的家长，本身就是希望偷懒、不愿意付出努力的家长，因此结果可想而知。

孩子的厌学，不是不喜欢学习，而是因为各种原因丧失了学习的动力。我们不能对此视而不见,静待花开。如果不去修复学习的动力,这个花朵是开不出来的。

我们前面说的"无条件溺爱",家长跟孩子进行情感交流,跟他道歉,跟他交流以前那些伤心的事情,其实就是在帮他慢慢恢复到比较健康、自信、安全的心理状态,启动他的学习动力。

有些家长觉得过早和孩子谈学业目标会给孩子造成很大压力,从而延缓孩子的恢复过程。这个想法也是错误的。对于孩子来说,学业目标本质上并不构成压力,他会把达到学业目标的过程看成真正的压力来源。因此,家长需要考虑的是在实现学业目标的过程中,如何通过家庭氛围的改善给孩子提供心理能量,如何帮孩子找到优秀的补课老师,如何在克服困难中找到久违的成就感,等等。

那些认为学业目标会给孩子带来压力的家长实际上是对孩子没有信心,对自己帮助孩子的能力没有信心。为什么这些家长会没有信心呢?答案很简单,因为这些家长认为帮助就是控制。如果能控制孩子,就会有信心;如果控制不了,信心就没有了。如果家长把自己和孩子的关系看作控制和被控制的关系,其中是没有真正的爱的。真正有爱的能力的家长对孩子的潜力是无条件相信的,他们会认为在孩子遇到困难的时候,自己一定是能够帮助到孩子的。对孩子、对自己都充满"盲目"的信心。这就是爱的信心。

卡卡(化名)今年十六岁,已经在家里休学了两年。当初休学的原因有两个:一是听从父母安排,从一个普通学校转到一个好学校的尖子班,成绩难以跟上,产生了挫败感;二是突然知道父母要离婚,心理上受到打击,情绪沮丧,无心学习。孩子本身很聪明,善于交朋友,兴趣、爱好很广泛,游戏打得很棒。学业上的挫败让孩子产生很强的自卑,本身聪明的特质又让他希望从其他方面找回自己的信心。在休学的两年里,卡卡尝试了画画、音乐创作、电子游戏竞赛等,发现自己虽然都玩得不错,但是要达到自己理想的目标都不太现实。他心情郁闷,就继续待在家里打游戏。

休学后,妈妈一个人带着他生活。妈妈是大学毕业,是一个非常能干的人,但是个性非常隐忍,对自己的各方面都不太有信心。卡卡的爸爸中专毕业,平时喜欢交友、玩耍,做点小生意,多年来一直和孩子的妈妈在情感上比较疏远。离婚后爸爸和卡卡几乎没有联络,卡卡为此非常愤怒。妈妈跟他的关系一直很好,他有什么心里话都愿意跟妈妈讲。对于他网络成瘾、不上学的情况，妈妈虽然和他谈了多次，但是没有任何进展。妈妈感到非常无力。如果在这个关键阶段，妈妈找不到力量去改变，卡卡很可能会向他的父亲寻找认同感，放弃学业的努力，发展自己社会化的一面，逐渐离开校园，去社会上闯荡。

　　幸运的是，妈妈通过与咨询师的沟通，重新找回了自己被压抑多年的力量，做出了正确、有效的调整。妈妈的家族中有很多读书人，卡卡的爷爷奶奶都是大学生，卡卡舅舅的孩子是研究生。妈妈对自己的人生比较迷茫。离婚又让她产生了挫败感和对自己的怀疑。妈妈需要的是要看到自己的优势，看到自己家族的优势，看到孩子的优势，坚定信念，排除爸爸的干扰，给孩子的未来发展指明方向。

　　后来，妈妈给孩子写下了这样一封信：

　　"卡卡你好，首先，妈妈要向你道歉，因为以前我不是一个合格的妈妈。因为外婆的强势，妈妈从小养成隐忍、不抗争的性格。因为婚姻选择不当，造成自己的不幸福，缺乏安全感，一直生活在不安定和焦虑之中，也传递给你很多焦虑。妈妈以前工作忙，对你关注不够，在选择学校时没有考虑你的实际情况，造成你的学习压力。当你遇到困难时，我没有提供有效的帮助，造成了我们现在的状态。

妈妈现在首先要做的事就是要从离婚的不快乐中走出来，告别以前的生活，好好爱自己，取悦自己，也希望以后能找到爱自己的人，重新过幸福的生活，和你一起快乐地生活。也希望妈妈能给你做榜样。愿意迈出改变的步伐，什么时候都不晚。

从遗传的角度来说，我们家的人智商都是非常高的。因此，妈妈认为你也一定能上大学。妈妈现在的目标就是无论如何都要让你进入大学，就算比别人晚几年也没关系。只要你愿意学，妈妈会帮助你向这个目标迈进。妈妈在这次离婚中也为你争取到了以后的利益，将来出国读书都没有问题。你可以去见识不同的天地，经历不同的生活。妈妈认为你值得过更好的生活。

目前来看，妈妈觉得通过这几个月的突击，你完成毕业考试的目标是没有问题的。如何去完成呢？首先要调整好作息时间，控制上网的时间，晚上就是睡觉的时间，到12点就要睡觉，早上8点就要起床。妈妈会帮你找一个质量好的补习班，会和你共渡难关。"

这封信虽然写得简单直白，但是充满力量。当然，后续的拉锯是很不容易的。但是正是因为妈妈的爱的力量，在经过妈妈和孩子无数次柔化、拉锯、再柔化、再拉锯的过程后，孩子放下了电脑，参加了补习，三个月后，顺利通过中考，考上了高中。

给孩子设定目标，也是在帮助家长看到自己过去的软弱和迷茫、找到家庭发展的方向，帮助孩子做出正确的、被孩子认同的人生选择。

三、如何与孩子谈学业目标

首先，家长要做好和孩子谈话前的心理准备。

很多家长反映，与孩子谈学业目标非常困难。孩子会觉得："现在学校学的东西都很无聊，我要去打游戏，将来要成为职业电竞选手"；"现在学的东西没有用，我不要上学；我不想去学校，我可以在家自学"；"反正家里有钱，我不要上学，你们将来养我就好"；"我不想读书，将来自己开公司创业"。当孩子说这些理由的时候，很多家长竟然无言以对，不知道如何去引导孩子，其关于学业决策的讨论很轻易就被孩子弹了回去。

其实，大多数孩子内在都有学习的愿望。很多孩子说不想学习、不想去学校，其实是在反抗学习方式和学习环境或者对之感到恐惧。孩子不理睬父母的告知，并不是孩子不想变得正常。很多孩子因为不上学非常痛苦、不安、焦虑和自责，只能通过回避父母、逃到游戏里的方式去缓解自己的负面情绪。孩子内心并不是不想改变，而是不知道如何改变，也不相信父母有能力带着他们改变。

另外，孩子本身的社会阅历毕竟是非常缺乏的，他对不上学会对自己未来造成的实际影响，以及教育资源的情况并不清楚。家长作为成人，有义务将各种可能的信息和资源告诉孩子。家长也有必要对各种学业目标相关的信息进行充分的调研。

在了解了这些情况后，家长就知道，在这个阶段进行引导性告知的工作表面上给孩子增加了压力，实际上正是孩子想要又不敢要的。所以家长不用有太多顾虑，要坚定地向孩子表达家长的想法，可以和孩子做适度的讨论，但是不能带着否定、不接纳和敌意的态度。

家长不但要勇敢地去和孩子谈学业目标，还要多次谈、反复谈，还要根据调研的结果和孩子的反馈不断进行调整。

父母要在对孩子的理解和行动目标上达成一致。如果夫妻对这些问题没有讨论或者达不成一致，孩子是能感觉到的。在这种情况下，父母和孩子沟通学业目标很可能根本起不到效果，孩子会用一方家长的想法来回击另一方家长。

孩子厌学的家庭中有不少单亲家庭，多是家里只有妈妈。妈妈因为缺乏支持，需要用更大的勇气和力量来承担起这个关键的任务。有一位离婚的妈妈带着两个孩子，大孩子出现了厌学的情况。妈妈在听了我的关于厌学的音频课程之后，写了反馈给我，大致意思就是她要大力去承担家庭功能中属于爸爸的功能。我觉得这样的妈妈是了不起的。她也可以选择跟信得过的人讨论。讨论什么呢？讨论孩子将来到底怎么办，往哪个方向去，如何帮助孩子克服前进路上的各种困难。

此外，家长一定要注意，千万不要轻易和孩子讨论目标。一定要父母先讨论清楚，做好准备后，再跟孩子谈。我发现很多家长，自己心里都没有数，也没有认真思考和调研过，就非常随意地和孩子谈学业目标，孩子当然会立刻否定。家长被否定后，就觉得孩子不配合，自己也没有办法。实际上，家长在这样做的时候放弃了自己引领孩子的功能，是一种不负责任的养育行为。

其实，青春期孩子的想法是非常多变的。此外，他们对社会的认知是非常狭窄和局限的。所以，在做关键决策的时候，父母要成为主要决策人。我最怕看到不负责任又假装民主的家长，他们会说："孩子，爸爸妈妈相信你，你来对自己的未来做决策。你想去哪个学校，我们就支持你去哪个学校。"这话听上去挺好，但其实存在几个问题：第一，家长对孩子的特长和兴趣其实是不了解的，给不出合适的建议；第二，家长对孩子可以选择的学校根本没有做调研工作，没有付出应有的精力；第三，家长不知道如何与孩子沟通，为了避免冲突，直接把球踢给了孩子。

厌学后复学决策的选择是一个非常重要的选择，父母需要做的是，在高度重视、仔细搜集学校相关信息，认真考察学校、认真和学校老师交流的基础上，结合孩子的特点、兴趣，和孩子一同对信息做综合分析。对孩子的意见，家长需要耐心倾听，多加讨论，不可简单处理，不可操之过急下结论，不要期待一次就把问题讨论清楚。关于学业的决策常常需要经过多轮讨论。

接下来，家长该如何向孩子告知学业决策呢？

告知的意思是只需要让孩子知道。孩子是否给出反馈、是否同意，都不重要。重要的是明确让孩子知道父母的想法。当然，如果在讨论中了解到了孩子的重要反馈信息，家长完全可以将其纳入最后的决策。

告知有两种，一种是方向性的告知，也就是大致在什么时候要做什么，另一种是告知更为具体的内容。

方向性的告知通常是在家长准备帮助孩子改变厌学状况的开始阶段。在这个时候，家长需要和孩子进行一次告知性的谈话。家长可以这样说："你目前所处的是你人生的一个特殊调整阶段，爸爸妈妈以往在家庭教育上有很多做得不好的地方，在很多方面没有能够帮助到你，向你真诚地道歉。我们现在要一同来面对'不上学'这个问题。目前我们首先要管控你使用网络，保证你的健康，然后我们可以休整一段时间，逐步恢复学习，争取三个月后（下学期开学）回到学校。具体回到哪个学校，如何回到学校，我们后面可以继续讨论。"

这段话其实传递了几个非常重要的信息：不管孩子的行为如何，父母相信他能够最终回到正常状态；网络管理是必须要做的；返回学校恢复正常学习是必须要做的，只是时间长短问题；未来有可能去不同环境的学校。

这种方向性的告知一般出现在家长改变的初期。父母刚刚做了初步的柔化工作，跟孩子的关系有了初步的改善，但是孩子完全没有学习的动力，或者每天沉溺于网络。在这个时候，家长就要对孩子进行方向性的告知。

家长也可以这样说："爸爸妈妈觉得你将来在家里面不能待太长时间，一定是要出去学习的。但是什么时间去？如何去？这些我们后续再讨论。"在家庭心理环境没有建设好的情况下，家长要先调整孩子的心理预期。等亲子关系进一步好转，家长可以对孩子多一些鼓励。

家长还可以这么说："爸爸妈妈认为你的智商是够的，你看你之前也取得过很好的成绩。老师觉得你在数学方面是有天赋的。你只通过一两个星期准备就考到了全班第五名。爸爸妈妈觉得，虽然你遇到一些困难，但是你是能够克服的。爸爸妈妈坚决地认为，你未来的出路只有一条，那就是读完高中，然后上大学。即使不能上大学，也一定要读完高中，没有任何其他的出路。"

这段话里面有两个关键点：一是抛出一些基于事实的积极信息，让孩子能够回忆起自己以往的成功经验；二是明确告知孩子没有其他出路。当然一个孩子的发展出路有很多。

在厌学的情境下，家长不能一开始就给孩子太多的选择，要明确告知他必须完成高中的学业，至于是否换学校、未来在国内还是国外，也不用马上跟他谈。

第二种告知是告知具体的学业目标。当家庭心理环境准备得差不多的时候，父母和孩子之间的关系也有了很大改善，这时候父母就需要去明确告知孩子具体的内容。家长可以说："看你最近学习状态恢复得不错，我们来讨论一下，何时你可以恢复上学，或者换一个班级，换一个学校。"其他具体的学业目标包括：

短期目标：每天学习两个小时、每周补课一次、每天回学校上半天课、回学校上课但不做作业、回学校上课且做作业等。

中期目标：回学校参加期中考试、能够把休学前的功课补上、跟上班级平均水平等。

长期目标：顺利毕业、顺利升学、顺利参加中考、顺利参加高考等。

家长要在不同阶段反复向孩子告知这些目标，不断提醒孩子自己的底线是不会改变的，让他放弃其他的想法，例如：中断学业、参与电子竞技、自己创业等。家长要反复强调:"爸爸妈妈觉得你一定要上完初中和高中,还要上大学。我们认为你有能力上大学,一定能考上大学。"

有些接受"爱与自由"思想的家长可能会质疑上面这段话,理由是为什么不能让孩子去尝试他想做的事情。我在这里想告诉这些家长,让孩子自由发展给家长带来的挑战要远远大于让孩子在社会提供的标准框架内发展的挑战。厌学孩子的家长的家庭教育功能通常比较欠缺。在这种情况下,如何让人相信他们有能力和孩子一起实现难度更大的目标?

我们试图提高孩子的学习动力,设定目标只是手段。在通过设定目标将孩子的学习动力激发出来后,孩子的自主性和自信心便有了,那时再支持他们自由发展才是合适的。

家长在告知孩子学业目标之后,如果孩子有了一些积极的反馈,那么家长就要全力准备,比如要和目标学校进行联络,详细了解各种信息,包括老师和同学的状况、学习进度、有何限制等。如果需要考核,那么家长就要帮助孩子做好考前的充分准备。同时,家长要意识到,很多决策不是一步到位的,常常要经过很多调整。家长要有充分的耐心。

鸣浩(化名)在初中一共待了五年,其中休学休了两年,初一休一年,初二休一年。初三下学期刚刚开始,他的心里特别没底，但是父母希望他能够再努力一下，争取考上一流的高中，然后上一流的大学。他压力很大，没有学习动力，内心非常纠结，越纠结学习状态就越差。如果这样发展下去，这个孩子初中毕业都有困难。

在咨询过程中，我就和孩子家长一起对学业目标做了调整。既然孩子对自己考上一个好高中完全没有把握，硬来肯定是不行的。现在还剩余大概三四个月的时间，我们的目标也许是让孩子先把初中毕业文凭拿到。孩子听后，眼睛一亮，好像一下子就放松了，马上就说："拿初中文凭我没问题，我应该能拿到的！"爸爸妈妈一想也是，如果让孩子拿初中文凭，就简单多了。孩子原来丝毫没有学习的动力，现在因为学业目标清晰、容易实现，一下子学习积极性就上来了，学习效率也提高了。后来孩子如愿以偿拿到初中文凭以后，对自己有了初步的信心，觉得自己没有想象中那么糟，于是开始思考下一个目标，想办法进入高中，再朝着大学的目标努力。

还有一个初二的女孩丹丹（化名）在一个非常好的公立学校读书，成绩出色，后来出现了厌学、情绪低落的情况，在医院被诊断为抑郁症后，开始服用抗抑郁药物，在家休学。在家里休整半年后,孩子还能断断续续看看教科书,做一些作业,但是还是不愿意再返回学校去。有一天丹丹和妈妈去商场玩,看到一个日语补习班,她突然说:"我要不学学日语,将来去日本读书,我真的特别喜欢看日本电影!"家长觉得这个想法挺好的,就和孩子一起去搜集信息、了解留学情况。

孩子的语言天赋是不错的。在清楚了留学情况之后,全家暂时定了一个去日本读高中的目标。孩子信心十足,就像换了一个人,也不抑郁了,天天认真学日语,也恢复了其他课程的学习。这样的状态保持了半年,突然间孩子的动力又降了下来。孩子跟妈妈说:"不想去日本了。"爸爸妈妈有点吃惊。孩子说:"我突然发现我好像没有同学,每天都是一个人在补习,同学关系不像原来那么紧密。"她其实非常渴望跟原来班级的同学在一起,她对伙伴关系的心理诉求出现了。最终她做出了决定,返回原来的学校,继续留在国内读书。从这个例子中,家长可以看到,如果有一个合适的目标推动,孩子的状态便能够逐步恢复。在孩子的精神状态和学习动力恢复后,可能会有更好、更合适的新目标浮现出来。

有时候,目标的调整会比较曲折,接纳现状也可以是一个好的选择。有一个妈妈写道："孩子经常说要转学,但因为他是外籍的,公立学校去不了,我和孩子经过多次沟通,最终决定让他继续待在原来的学校。在返回学校后,他很快融入了新的班级。"

孩子从坚持转学到接纳现实的过程,其实是孩子内心成长的过程。家长不急不躁,耐心陪伴孩子,既支持孩子转学的想法,到处寻找资源,在资源无法获取的情况下,也耐心等待孩子转变想法。父母和孩子之间相互尊重,父母尽力实现孩子的想法。可以说,家长和孩子配合得非常好。

四、早做正确的学业决策

小凯(化名)是一个聪明、调皮的二年级男孩,我是在做"守望者"夏令营营长的时候遇到他的。他在营地里非常活跃,经常有很多有创意的好点子,也常常惹祸,十分爱捣乱,多次跟其他营员发生冲突。小凯告诉我,大家都看不上他,他自己也看不上自己。他心里充满了冲突,几乎每时每刻都眉头紧锁。我问他为什么很多活动都不参加,他说觉得自己做什么都是错的,他心里很焦虑。随着夏令营活动的继续,老师给了他很多鼓励、认同、赞许和保护,他的情绪越来越好，在很多活动中都能够表现出明显的优势。

在夏令营结束后，我作为营长又去小凯的家里家访，了解到孩子的爸爸是一个优秀的企业家，平时非常忙，虽然很爱孩子，但是对孩子要求非常严格，平时很少陪伴孩子，孩子对他是又喜欢又害怕。妈妈因为把很多心思放在弟弟身上，对小凯有所忽视。小凯在一家非常严格的公立学校学习。对于学校的严格管理制度，他适应起来非常困难。由于小凯平时在学校经常被老师批评，所以他对自己有很多负面想法。这种状况如果继续下去，孩子自我否定的意识就会越来越强。无论在夏令营中还是在学校里，小凯都已经出现了"习得性无助"的表现，发展下去很可能会出现厌学的情况。

由于这个家庭的经济条件还不错，爸爸妈妈在经过讨论后，准备把孩子转到一个非常不错的一个国际学校去。家长在申请之前还对学校的办学理念进行了详细的了解。根据学校要求，我根据我在夏令营时对孩子的观察，写了一份对孩子的评估报告给校长，作为推荐信。信里详细描述了孩子在夏令营里各种优秀的表现、老师们观察到的孩子的优势。这样写的目的是希望孩子好的方面能够首先被学校认识到。国际学校的校长看了推荐信，说："这么好的孩子，正是我们需要的,我们非常欢迎。"

孩子入校后,表现非常不错,完全像换了一个人。他的创造力得到充分的表现,入校没多久就牵头组织了一个保护动物的社团。校长也特别欣赏这个孩子。在新的环境中,小凯的自律性逐步提升,对学习的兴趣也大幅提高。

这是小凯在换学校半年后写的一首诗:

> 我不知道我为什么拼命地奔向校车停靠站
> 我想着今天是美好的一天
> 我想象自己今天能进"independent eagle"
> 我不知道为什么兴奋无比
> 我下了校车
> 我不知道为什么
> 我希望的事今天没有发生
> 我有时有些失望
> 甚至有时想哭
> 新的一天
> 我在电梯里高喊"independent eagle"
> 我不知道为什么又竭尽全力奔跑

> 又是美好的一天
>
> 我想进"independent eagle"
>
> 我想成为好学生

同样一个孩子，在不同的环境中，情绪、自尊、能力表现判若两人。

小凯和前面提到的小赵都是换学校的例子。小赵已经停学半年，小凯虽然还没停学，但他感到很煎熬。如果再熬一到两年，他很可能会崩溃、厌烦学习，很快就会出现小赵那种状况。所以孩子年纪越小，家长做的学业决策越早，孩子改变的可能性就越大。一定不要等到很晚的时候再去改变。另外，换学校的事情要非常慎重，有些孩子适合国际学校，有些孩子适合公立学校。此外，家长要谨慎判断孩子的情况是不是到了非换学校不可的情况。

五、谨慎做出换学校的决策

一位妈妈说："昨天我辗转联系上一位家长，她的孩子在一所国际学校念书。她说那所国际学校挺好的，除了文化课的学习，还有丰富的文体活动，现在增设了西班牙语学习，费用不高，她的孩子在里面如鱼得水，学得特别开心。"然后，这位妈妈马上开始跟孩子谈转学的事情，希望孩子从原来的学校转入这所国际学校。这个孩子在勉强同意之后，妈妈匆忙给他办了转学手续。没想到，孩子开始上课才发现，学校对外语口语的要求非常高，自己完全跟不上。虽然老师对学生和蔼可亲，但是语言的差距太大，孩子两天下来，心态就崩了，死活不愿意再去学校，好不容易培养的学习信心一下子就没了。

这是家长前期准备不充分的结果。家长对学校的考察不充分，只是道听途说，也没有做详细的调研，也没有根据孩子的实际情况对孩子入学后可能面临的困难做出预判。在现实生活中有很多这样的家长。在孩子遇到困难的时候，家长没有用心地体察孩子的困难所在，没有细致地想办法去消除可能存在的隐患。当结果不好的时候，家长自然会归罪到孩子能力太差上，又一次伤害孩子的自尊。

厌学的孩子在原来的班级和学校常常会面临巨大的压力，很自卑，无法正常参与日常活动，有时候还可能会遭受其他同学的嘲笑，在老师面前常常抬不起头来。如果老师严厉一点，那么他的心理压力就更大。在这种情况下，有些家长就会考虑给孩子换一所学校。

最需要换的当然是那种不适合孩子的学校。我在咨询实践中，常常发现很多孩子厌学的基调在择校阶段就基本定下了。家长通过各种办法，把孩子送进学习压力非常大的"好学校"，结果孩子承受不了巨大的学习压力，很快崩溃了。有个孩子在小学阶段成绩就是中等水平，所处的小学也是学习管理比较宽松的那种。在他上初中时，父母想办法让他进了本市最好的学校，结果进去的第一个学期，他考了倒数几名，压力非常大，勉强撑到初二后，便不再去上学。这种情况是比较可惜的。家长在做类似决策时，一定要谨慎。

我认为，解决孩子的厌学问题，首先要通过家庭功能的改善提升家长的教育能力，让孩子尽量在原来的学校和班级，也就是说，改进家庭功能在先，换学校在后。实在不行，再考虑更换学校。

考虑到厌学的孩子以往在家庭或学校里都受到过比较大的伤害，家长需要有足够多的耐心，花足够多的时间，想足够多的方法来帮助孩子。家长在接纳和关爱孩子的基础上，想办法多次和孩子沟通相关问题，多倾听、多疏导、多道歉、多安抚，将反思和柔化的工作做到位。如果柔化工作没有到位，就直接让孩子设立复学的目标，或者换个学校，那么孩子一定会拒绝、反抗家长。如果盲目转校，隐藏的矛盾很快就会爆发，家长就会觉得花了那么多钱，孩子怎么还那样。关键还是要回到提升家长的教育功能上来。

吖吖（化名）是一个聪明又任性的女孩，在国际学校上六年级，平时成绩非常出色。有一次，因为和一位脾气倔的年长的教师闹了点矛盾，她便不愿意去上学了，要求家长给她换学校。结果家长非常听话，立马给她换了一所新学校。没想到孩子进去以后，因为两所学校的教学内容差异很大，孩子原来的学业优势不那么突出了，感到很不爽，不到一个月，又向家长提出要换学校。家长没有办法，又想办法给她换了一所学校。结果因为太多时间在折腾，孩子学习没跟上，成绩开始落后，于是更不愿意去上学了。最后父母开始意识到局面无法收拾，不能一味听任和满足孩子的要求，就开始寻求咨询，开始重新认知和调整自己的教育方式。通过很长时间的努力，局面才稳定下来。

有些厌学的孩子会抱怨说同学对他不好、老是嘲笑他等，或者他看不惯老师、排斥老师等。这往往是考验家长的教育能力的时候。家长常有两种不良反应：一种是马上指责孩子，觉得孩子又给自己添麻烦了，轻则说教，重则打骂；另一种是觉得老师和同学有问题，要么兴师问罪，要么就想给孩子换班级、换学校，付出很大成本。上述这些反应常常是家长在没有了解实际情况前的一种自动化反应，而不是理性的反应。

有一个孩子一天早上起来对妈妈说："今天不上学了，因为同学们都嘲笑我。"妈妈一听就很心疼，就说："同学们怎么能这么对你呢？我去跟老师说，你还是上学吧。"孩子一听妈妈支持他，就顺势说无论如何不肯去学校。妈妈传递的是矛盾的信息，一方面支持孩子被嘲笑是别人不好，另一方面又要求孩子去上学。孩子当然会钻这个空子，而且心里还没有内疚。这时候爸爸过来了，就问："同学们怎么嘲笑你了？"孩子支吾了半天，结果说昨天上课睡觉，被老师批评了，周围几个同学就笑他。妈妈一听，就跳起来说："你上课怎么能睡觉呢？"爸爸继续说："你上课睡觉是作息不规律造成的。如果今天还待在家里，情况会更严重，所以你还是要去上学。"于是孩子就乖乖地去上学了。当然，这个结果是好的。如果妈妈最后再跳出来帮着孩子说话，那以后爸爸就很可能不管了，家庭功能就会失调，孩子的问题就可能恶化。

还有一个上高中的孩子,说班主任对他不公平,对同学们都很苛刻,大家都很不喜欢这个老师。妈妈通过跟其他家长的交流,认为孩子说的情况基本属实,心里非常难受。但是妈妈采取的策略不是去改变老师,而是在孩子受委屈的时候,通过陪伴、谈心,尽量化解孩子心中的烦恼。妈妈发现,只要她耐心倾听,表现出同意孩子的观点,和孩子保持一致,孩子每次倾诉完就会说:"我也知道无法改变这个老师,我就忍忍吧。小不忍则乱大谋。"妈妈和孩子达成了一种共识:老师不好是客观的,很难改变。虽然我受气很难受,但是我自己还能够承受。虽然我依然很愤怒,但是我接纳老师的不公平,为了实现我自己的目标,我必须这样。孩子情绪管理的能力这么强,跟妈妈表现出的高度的接纳性有非常大的关系。妈妈如果跳起来,去和学校老师理论,很可能孩子后面遇到的情况会更糟。如果妈妈跟孩子说教、让他隐忍,孩子很可能会感知到妈妈认为是他的错,妈妈在维护权威,激起孩子的反抗心理。

这种境界值得很多家长学习。如果家长能这样做,说明家庭的功能是非常好的。

在现实生活中，的确有不少孩子在原来的学校难以适应，这时候就不得不考虑换学校的安排。在换学校前，家长要对选择的学校做周密的考察，了解学校的教学理念、老师的教学方式、其他家长的反馈等。家长要提前带孩子去参观、面试或者和老师做一些交流，让孩子提前做好心理准备。千万不能太匆忙。如果没有合适的学校，宁愿暂时不动。有些家庭不重视前期调研，结果孩子进入学校后，发现不合适。家长通常会给孩子施加压力，说"爸爸妈妈帮你换学校不容易，你还要提要求，真是不懂事"之类的话。其实，家长更应该反思为什么这么重要的准备工作你不做细致一点呢？

换学校的好处有两种：一种是人际关系方面的，可以通过离开原来的环境，避开对孩子已经形成刻板印象的老师、同学，降低孩子的心理压力；另一种是进入对学习要求稍低的学校，能够使自己的学习水平与平均水平不至于相差太大，减少成绩差距对自信、自尊带来的影响。

当然，孩子进入一个新环境需要一段时间的适应。毕竟遇到的都是新同学、新老师，转学的孩子一般都会比较敏感，生怕被人瞧不起。如果家长在换学校前做了比较细致的调查和了解，让孩子有机会被一位有经验、有爱心的老师带，那便最好不过。如果在入学之初，孩子能够得到新老师的鼓励、欣赏、支持，那么孩子就会产生极大的动力。我看到一位妈妈在孩子厌学后，给孩子换了一所学校，私下几乎跟所有任课老师都见过面，进行过详细的交流。她的方法很简单，一是在平时就刻意维护和每个老师的私人关系，二是一旦儿子出现一些受挫的苗头，妈妈就立刻联系相关的老师，请老师给予一些小小的关注和鼓励。这样做的效果非常好。但她很注意不让孩子知道这个过程，可见这位妈妈的良苦用心。

我们一般会认为国际学校是快乐式教育。如果孩子原来在公立学校发生厌学的情况，那么不少家长会选择转入国际学校。当然，国际学校的水平参差不齐。我观察到的国际学校对孩子比较好的一面是，国际学校在教育的心理环境上要优于公立学校。良好的心理环境是厌学孩子在恢复过程中特别需要的。

如果小学在公立学校，初中转入国际学校，那么孩子要提前学习英语、培养自主学习习惯。在这种转变过程中，家长要密切观察孩子进入新学校后的适应情况。特别要提醒家长的是在转换过程中，不要让孩子住校。不住校的好处就是家长能够及时帮助孩子发现问题、解决问题。更换学校的初衷绝对不是让家长更省心，而是给孩子创造一个更适合他的环境。家长依然要多花心思，多关注孩子的每一步发展。我也见过很多转入国际学校后情况更糟糕的例子，主要原因是家长做了甩手掌柜。其实，不管在哪一种学校，家长都要主动承担必要的家庭教育责任，包括目标设定、优势强化、情感交流、问题纠正等。

我总结了关于对复学孩子择校的原则：

1. 要根据孩子的实际能力去选择学校，不要超出孩子的最大能力范围；

2. 孩子出现厌学问题，家长首先要通过家庭功能的改善，帮助孩子尽量在原来的学校和班级解决问题，也就是说，改进家庭功能在先，换学校在后。实在不行，再考虑更换。

3. 家长换学校前要做周密的考察，详细地了解情况。根据孩子的特点和家庭的特点选择适合的学校。

4. 国际学校一般会比较注重心理环境，这一点可作为择校的参考条件。

5. 如果小学在公立学校，初中转入国际学校，那么孩子要提前学习英语、培养自主学习习惯。

6. 不管是公立学校还是私立学校，在孩子转校后，家长都要密切关注孩子的发展动向，尽量为孩子创造比较好的心理环境。

六、所谓的"健康快乐观"

我给家长讲课的时候，常常会问大家一个问题：你们希望自己的孩子将来成为什么样的人？过什么样的生活？一大半的家长会说：我们对孩子没有什么特别的要求，只是希望孩子将来健康、快乐就满足了。这个回答让我感到很困惑。说这种话的很多家长明明对孩子学习的要求是非常高的，对孩子在学校的表现也是非常在意的，为什么他们在谈到孩子未来的时候好像都很"佛系"呢？

我认为，凡是说这些话的家长，在本质上对孩子没有真正的责任心，他们自己对未来是不确定的，甚至是恐惧的，不敢在孩子未来的发展上承担主要的责任。其实，大部分孩子在成长过程中，都需要有一个或几个明确的未来目标。孩子需要家长对他说，希望他将来成为一个什么样的人，希望他具有什么能力，希望他能够去干什么事情。这种具体的期待表达的是家长对孩子特点的观察和理解，表达的是对孩子的接纳和信任，表达的是和孩子一起共建未来的决心，也是孩子最终实现目标的过渡性载体。

每个孩子都需要有梦想，都要有一个远大的目标。

有一位姓王的台湾心理医生，讲过一个咨询故事。在这个故事中，有一个初中的孩子因为厌学前去咨询。孩子的爸爸妈妈，一个是律师，一个是会计，家里很有钱，家庭的社会经济地位比较高。有一次咨询的时候，孩子问了心理医生一个非常奇怪的问题："王老师，我是不是看上去特别笨？"王老师很吃惊，说："你为什么这么说？没有啊，我觉得你聪明、长得帅，是很多女孩喜欢的那种男孩，怎么会笨呢？"孩子说："既然这样，为什么爸爸妈妈经常对我说，我将来干什么都行，扫大街都行？"

这个"扫大街"论调和"健康快乐"的论调其实是一样的。看起来家长不希望给孩子外在的压力，但是这样做会让孩子觉得："如果爸爸妈妈觉得我将来可以是扫大街的人，是不是说明他们觉得我很差，只能做这种工作？"孩子会很沮丧，觉得自己在爸爸妈妈心目中就是这样一个人。

孩子在成长过程中非常需要家长的引领和指导。"健康快乐观"背后隐藏的问题是家长不知道如何引领孩子面向未来的发展。家长对孩子的兴趣、特长、他真正想做的事情、真正合适他做的事情并没有清晰的了解。如果家长真的在意孩子,就会去琢磨这件事情,然后跟孩子交流,对他说:"好孩子,如果你将来成为这样一个人,你做这样一件事情,我们会很骄傲,你自己也会很骄傲。"当然这种沟通需要很多次,内容和结果都是不断变化的。如果家长做这样的沟通,孩子会觉得爸爸妈妈真的对他有很细致的观察,尊重他的思考,他在父母心中是非常重要的。

家长要问自己这样一个问题:"作为社会的一员,我对未来是不是感到迷茫或者恐惧?"对未来感到迷茫和恐惧,其实是很正常的,因为现代社会变化非常快。在未来社会,很多职业、岗位都是不确定的。你现在拥有的东西,并不能保证你一二十年后依然拥有。家长这种内心的不确定性会通过不去跟孩子设定目标反映出来,也会通过家长过度关注孩子当前的学习以及能否考上好的大学反映出来,因为当前的成绩和考上的大学是唯一可以把控的东西。所以大多数家长会逼着孩子和他们一样,拼命抓住那些看似保险、稳定、可控的成绩,然后把孩子抛进不可知的未来。

家长为什么不去对未来做一些思考,做一些研究呢?因为你是成年人，掌握更多的资源、信息和人生经验，所以你完全可以去做更多的调研，和孩子一起思考和探索未来。

七、家庭学业决策实例

以下是一封来自家长的信。

孩子出现厌学问题以来，我们在无条件宠爱孩子方面做得还是不错的，充分让孩子感受到了我们毫无保留、外人看来非常不理解的爱。

在学过李老师（本书作者）关于厌学的相关方法后，我们对家庭功能进行了分析和积极的改进。在确信前三步都已经准备好的前提下，我们经过共同讨论和考察，有了几个明确的学业决策，决定和孩子谈谈。以前孩子不让主动提他学习的事情，但这一次，我们家长决定要认真、严肃地和孩子正式谈一次。

一天晚上全家人吃过晚饭后，我们看孩子心情不错，就对孩子说："儿子，有心情谈谈以后的学业计划吗？"孩子立即脸色变得不太好看，毕竟一年没上学了，一提学业，他还是有点不适应，有点自卑、发怵。我们观察到这一点，说道："儿子，爸爸妈妈知道你不愿意提学业，毕竟在学习上受到过打击,还休学了一年,心里肯定不好受,但爸爸妈妈觉得你经过了一段时间的调整和努力,觉得你有能力承受一些了,今天才决定和你谈谈的。你看你这次参加学校的数学考试,虽然一年没上课了,还能考年级第三名,你是多么优秀啊!以你这样的实力老在家待着多可惜!我们可以先谈谈,你听了后,如果觉得还是没准备好,可以继续调整一段时间,爸爸妈妈尊重你的选择。"孩子说:"那好吧。"

接着,我们给孩子说了以下几个方案:

1. 复学后去原来的学校,目标是通过明年的会考,拿到高中毕业证,可以和老师沟通,不参加别的考试。

2. 爸爸托人打听到学校有小语种(德语)考试,可以作为一个备选项。

3. 如果觉得目前学校(全省重点高中)压力大,可以转学到别的普通高中就读,可以去另外一个家附近的学校,也不用住宿(孩子不愿意住宿)。我们已经和校长沟通好,校长非常欢迎重点高中转来的孩子。那里的学习压力相对小些。

4. 出国上高中。出国的选择多一些,可以去英语国家,也可以去德国、日本。虽然父母经济条件一般,但最近老家拆迁，刚分了几套房子，所以经济方面不用担心，卖套房子学费就够了。

5. 选择职业中学，可以学美术、计算机、厨师等专业。社会发展趋势决定这些职业以后是热门职业，用发展的眼光看也是相当不错的。

我们说完后，有点紧张，怕孩子说哪个也没准备好，哪个也不喜欢，小心翼翼地望着孩子。结果是戏剧性的，他突然做了个鬼脸，装作生气地说："太小看你儿子了，我不光要回原来的重点高中读书，会考、高中毕业什么的根本不算什么目标，我的目标是一本，不用你们的钱出国，等我上大学后，自己争取奖学金出国。不过挺感谢你们的，为我做了这么多，还去找别的学校，也怪我没告诉你们我的打算，让你们费心了。因为前段时间确实自己也很迷惘，没有力量去学校。你们也没正式和我谈过，我情绪不稳定，折磨了你们这么长时间，觉得你们可能都快放弃我了。"

听到儿子的话我已泪流满面，爸爸红了眼圈。我赶紧说："不用谢我们。为我们最爱的儿子费心是多么幸福的事情啊！最幸福的事是这些心都白费了，我儿子不需要，哈哈……"全家人都开心地笑了起来。距上一次开怀大笑有半年多了，厌学像阴霾一样笼罩我家好久了，终于盼来了这一天。

　　我们一年的努力没白费，夫妻携手挺过来了，中间我们确实有过好多次想放弃的念头。儿子有段时间相当无理取闹，柜子、床都被他捶过、踢过，家里的家具都伤痕累累，好几次和父母推搡、动手，还曾几次劝我俩离婚，现在看来是在试探我们，人一变好就跟大变活人一样，根本不像一个人的行为，青春期真是变幻莫测啊！

　　我们以前就是李老师反对的"健康快乐观"的支持者，曾遇到的两个心理咨询师都给我们灌输过"电脑随便玩、孩子想啥时候上学就啥时候上学，一切听孩子的"，认为孩子的健康快乐最重要。这么好的孩子被耽误了这么长时间，多亏碰到了李老师，我们才摒弃了以前任由孩子舒服、家长回避矛盾、不直面实质性问题的错误观念，大胆面对冲突，明确孩子的学业目标。关键决策一旦明确（有时候想着很难，实践起来往往并没有那么难），结果往往会出人意料！家长有力量，孩子才能有力量。这对孩子以后重返校园相当重要。六步环环相扣，一步都不能落啊！

　　启动孩子的学业目标看似简单，很多家长执行起来并不容易。这是对家庭功能的很大考验，考验家长反思和柔化的效果、家长内心的定力、家长对自身情绪调整的能力、家长解决问题的能力、家长如何将大目标分解成小目标的能力。

启动学业目标是六步法的核心环节，起到承上启下的作用。所谓承上，就是六步法的前面四步要走得比较好，尤其是"柔化"部分做好了，那"目标设定"才有谈的基础。启下是指学业"目标设定"完成之后，就成为接下来的第六步"拉锯"环节的主要任务，"拉锯"需要围绕这些设定好的目标来执行。

对于孩子恢复学习动力这个终极目标来说，家长设定的学业目标只是终极目标的载体，为的是让孩子在一点点靠近这个学业目标的过程中，找到自信，发现真正的目标，从而走出困境。

家庭作业：

1. 讨论孩子的短期、中期和长期的学业目标，列出可能存在的困难以及对策。

2. 谨慎地尝试告知孩子学业决策，观察孩子的反应，对目标进行再次讨论和修正。

第六章
实施复学拉锯(上)

给孩子濒临崩溃的自我一根可攀爬的树藤,

把他一点点拉上来。

当家长在"六步法"的前面五个阶段进行了深入的反思、进行了有效的网络管理、告知了孩子未来的目标之后，家长和孩子之间的拉锯过程就开始了。

所谓复学的拉锯，是指家长在网络管理、作息管理、鼓励上学、适应学校、提升学习兴趣等方面与孩子进行"拉锯"，温柔地坚持原则，最后达到恢复学习动力的目标。

拉锯是恢复学业过程中，最为关键、持续时间最长的一个阶段。

一、拉锯是消除隔阂的摆渡船

"前天我很真诚地和女儿交流，希望她考虑去参加期末考试。我告诉她，妈妈陪你学地理和历史，你只要及格就行。她没有反抗，也没有答应，只是默默地离开，回到自己房间。昨天晚上她告诉我愿意去考地理和历史，如果这两门过了，她就活过来了。在一起相处的八个多月里，昨晚她告诉我愿意考试的那一刻，我真想高声呐喊，欢呼尖叫。之前我有时也会担心自己坚持不了，现在我会更加耐心地陪伴她渡过这一难关！"

很多孩子厌学的家庭在经历千难万险之后，孩子终于愿意开始启动复学的过程，开始间断性学习。感知到孩子学习动力出来的那一刻，家长内心的狂喜是一般人难以理解的。以下是家长的反馈。

"怎么就走到这里了呢？此刻，只有感恩。"

"曾经纳闷儿为什么自己以前对孩子说不出有深度的话，今天才明白，怎样的心说出怎样的话，之前自己的心没有到位，没有感觉。关于孩子，上学不是最终目标，心的疗愈才是。从来没有像现在这样，心中满是爱意和祝福。"

以上是一位母亲和孩子拉锯了一年，经历了无数难眠之夜后，终于孩子从冰冷拒绝所有建议和帮助，到晚上趴在妈妈身边，痛哭和倾诉了整整两个小时心声之后的感想。当孩子与家长的情感疏通之后，孩子的主动性就会真正发挥出来，上学和考试便不再构成问题。

最后的结局不是家长征服孩子，也不是孩子征服家长，而是家长和孩子真正相互理解和接纳，产生顺畅、稳定、亲密的情感流动。如果家长没有耐心，或者仅仅关注孩子上学、完成作业、考试，那么家长可能永远无法解开厌学之谜。在和孩子拉锯的过程中，注定需要家长花大量的时间去琢磨孩子、琢磨自己、改变自己、影响孩子，一步步实现目标。

很多家长都期望有一个使孩子突然发生改变的方法，比如：对孩子说一句很有道理的话，进行一次逻辑完美的谈判；对孩子做一次重大的让步，让孩子服用某种调整情绪的药物，找某个大牌咨询师和孩子做一次深度的谈话。事实上，改变注定是在孩子与家长痛苦的、反复的、长时间的拉锯过程中逐步发生的。

由于原有家庭功能的缺陷，家长和孩子之间的情感流动是不顺畅的，甚至是停滞的。在孩子厌学之前，家庭成员之间就已经充满隔阂、不信任、愤怒和失望。如果家人之间不能相互理解，那么就不可能相互帮助，解决厌学问题带来的挑战。家长与孩子在厌学问题上的拉锯和冲突给了家长和孩子一个机会，让他们有可能通过拉锯和冲突，解决不良的、僵化的亲子沟通模式。

二、成功拉锯的策略

拉锯的目标有两个：一是通过拉锯，重新建立一种更好的亲子互动模式；二是通过拉锯，让孩子逐步恢复和建立有利于学习的界限和规则。

十六岁的小易（化名）在休学两年后，每天自行到补习班上课，一次课都没有落下。上周日凌晨一点，妈妈发现他还在看电脑，就直接给他断了网。小易没有反抗，一会儿就睡了。

周一上午，老师给妈妈打电话，说小易没去上课。妈妈赶回家后，看到他还在睡，就让他起床去上学。小易说："谁让你断网的，我一辈子都不去了！"

妈妈说："你是否想休息一段时间再去上学？"小易回答说："以后再也不学习了。"

妈妈说："你确定以后不去上学了吗？如果你真不去，我就全面断网。"

小易立刻抓起手机背对着妈妈，怕妈妈抢他的手机。

妈妈说："就算你拿到手机也没有用，我可以销卡，可以让手机变成砖，但我不想这样做，我认为你不是不想学习的孩子。"

小易反复说是妈妈先断网的，妈妈说是孩子不遵守约定，凌晨一点都不睡。妈妈强调不是怕产生网费，而是担心孩子的身体。之前小易熬了夜说心脏不舒服，妈妈很担心他的身体。

小易说："我今年又没说心脏不舒服。"

妈妈说："你并没有说你这个症状消失了呀，妈妈一直很担心你。身体最重要，只有身体好，一切才有可能。"

这时候，小易突然声音低沉下来，说："我昨晚做梦梦到我们家养的猫死了，全身都是血。"他边说边默默地擦眼睛。

妈妈说："梦是反的。我以前做过不好的梦，结果什么都没有发生。你是不是觉得以前对家里的猫不好，对它有愧疚的情绪？"小易点了点头。妈妈说："没关系的，你现在对它很好呀！猫的记忆不像人，很快就会忘记的。为什么是我们养猫，而不是猫养人类？因为它们没有太多智慧。猫在我们家已经很享福了。"

小易听后擦了下眼泪，然后自己起床了。

妈妈问他："需要我给你弄些吃的再去吗？"他说不用，然后直接去了学校。

第二天早上妈妈一喊他，他就起床吃早饭了，之后便去上学了。

老师说他最近上课非常配合，但是不太做作业。妈妈跟老师说孩子脱离学校很久了，有些不适应。老师听后并没有强求。

妈妈和小易的上述谈话完美演示了一次成功的拉锯过程。对于小易妈妈来说，要进行成功的拉锯，常常需要在下面两个心理维度上达成平衡：

第一个维度是对孩子采取温柔接纳的态度，还是凶狠拒绝的态度？

第二个维度是坚持规则还是妥协让步？

凡是最后在拉锯中成功帮助孩子的家长，都会同时采取以下三种策略：

1. 尽量避免采取凶狠拒绝的态度。但是这一点的确不容易做到。大部分家长在开始阶段都会采取凶狠拒绝的态度，结果常常导致事情进一步恶化，把问题推向更难解决的境地。有些家庭甚至因为家长顽固不化，导致和孩子的争斗一直持续下去。在上面的对话中，小易妈妈有几个瞬间是比较凶恶的，但大多数时候，她让孩子感觉到的是妈妈对他真诚的关心。

家长通常在两种情况下表现得比较凶恶。一种情况是在坚持一些规则，比如不准孩子玩手机，催着孩子起床、做作业、去上学的时候。凶恶很容易变成暴怒，孩子可能会被动妥协，但不会持久，常常很快回到最初的状态，而且会对父母产生更多的怨恨。

另一种情况是家长被孩子逼得妥协，但依然心怀怒气。例如孩子早上不起床，不肯上学，家长虽然发怒，最终还是做了让步。在这种情况下，很多家长会想，自己都妥协好多次了，但对孩子为什么还是没有影响？殊不知，家长的咬牙切齿被孩子看得很清楚。

在实际操作中很多家长会发现，不管什么情况，只要家长表现出凶恶和拒绝的态度，孩子发生改变就是一件不太可能的事。孩子会觉得家长内心对他是不接受的，是全盘否定的，他的内心与家长还是隔离的。

避免上述情况发生的方式只有一种，就是家长要真正意识到自己过去的养育方法是错误的，要尝试在内心臣服于孩子目前的"不良"状态，要对孩子目前的状况采取高度接纳的姿态。家长一定要修炼如何去减少和杜绝凶恶对待孩子的行为和心态。

2. 要采取温柔而坚定的态度。对于一些必须遵守的规则，比如手机使用时间、作业完成量等，家长要尽量坚持，但是要采取温柔而坚定的态度。在这种时候，孩子通常的反应是大哭大叫、死缠烂打。家长依旧要保持温和，即便发火，也不要暴怒或失态，要尽量克制自己，温柔而坚定地向孩子说明家长这样做的理由。

一般来说，如果家长坚持原则，同时接纳孩子的情绪反应，孩子通常很快会妥协。这种方式在断网、收手机和坚持要求孩子完成作业等方面，都非常有效。前提是家长定力要强，最好夫妻相互配合和支持。小易妈妈虽然没有孩子爸爸帮忙，但是依然能搞定，原因就是她传递给孩子的管理信息足够坚定。

有很多家长在孩子哭闹的时候，要么用很情绪化的凶恶态度对待孩子，要么很容易就放弃自己的要求，定力非常弱。家长定力弱有多种原因。常见的是妈妈和孩子的共生状态比较严重，孩子一哭闹，妈妈立刻就会感同身受，觉得孩子一定无法忍受这种痛苦，随即就对孩子做出让步。其实，是妈妈自己无法承受那种想象中的痛苦。共生型的妈妈内心经常处于和孩子一样的情绪化、不成熟的状态，很难跳转到成人的、理智的、有边界感的心理状态中。孩子和妈妈的这种互动模式通常从小时候一直延续到当前阶段，有很大的惯性。很多妈妈无法与孩子进行有效拉锯，跟这个模式有很大关系。这类妈妈常常和自己父母的依恋关系有比较大的问题，需要进行深刻的自我反思，或者通过做个人心理咨询去进行调整。

家长定力弱的另一个原因是有些家长认为与孩子对抗、过分刺激孩子会加重孩子的抑郁情绪。其实恰恰相反。孩子违反规则、不按时起床、不做作业、超时使用手机都会加重孩子的失控感、自责感、内疚感，这是造成抑郁情绪的重要原因。如果家长一点点地、坚定地帮助孩子建立规则，那么孩子就会慢慢地提升自尊，其对学习的控制感也会增强，对自己的信心也会慢慢增加，情绪也会逐渐恢复。被家长温和地拒绝，孩子可能会沮丧、情绪低落，但很快会感受到遵守规则带来的好处，情绪也很快会触底反弹。

但是，如果家长坚持规则，但态度上依然对孩子是排斥的，那么就会对孩子造成比较大的心理损伤，可能会加重孩子的抑郁。所以家长一方面定力要强，另一方面态度一定要柔和。

小易妈妈在坚持规则的时候，心里也是七上八下的，但是基本能够稳住心态，不被孩子吓唬到，也不去吓唬孩子，只是把自己这么做的道理讲得清清楚楚。比如，当小易威胁她不再读书的时候，妈妈没有去放大这个信息，而是反复强调规则，还强调对孩子身体的关心。当孩子感受到妈妈的用心的时候，自然就软下来了，甚至还借着梦到猫的事情把自己内心的恐惧和胆怯在妈妈面前表达出来，妈妈接得也非常稳。孩子感受到妈妈接纳他退步的行为，也感受到妈妈对他稳定的关心与爱，看到妈妈坚定不可动摇的部分，这些最终让他安静下来，回归正常的学习状态。

3. 接纳自己妥协的决定。有时候，出于对孩子特殊性的尊重，在少数情况下，家长需要对规则采取适度妥协的做法，例如同意孩子当天不去上学、允许孩子不参加某项考试等。这些情况包括：孩子反抗特别强烈，有伤害自己或他人的可能性；以往家长对孩子的教育存在特别大的问题，导致孩子性格扭曲比较严重；最近孩子有比较大的心理创伤，如有重要家人去世；孩子的抑郁、自伤情况特别严重；等等。

家长要有勇气，以平静、接纳的心态看待这种妥协。这时，家长内心的潜台词应该是：孩子内心还没有做好准备，还有一些地方没有修通，我愿意陪伴孩子进行下一轮的努力，我有足够的耐心。一次妥协可能意味着前期的努力白费了，但是没有关系。实际上，孩子是有微小进步的。这个微小进步会带来什么益处呢？益处就是孩子能够敏锐地感知到你是在努力接纳他，在等待他，对他是有爱的、有耐心的，愿意为了他放下急于改变他的行动，是愿意尊重他的。

小易妈妈明白逐步实现目标的道理，毕竟孩子两年没有上学了，所以她设定的早期目标是让小易先能够走出家门，保持一定的学习强度。小易妈妈暂时不要求孩子做作业，这样就不会给孩子增加太多的心理压力，让孩子能够逐步适应学校的生活，保留去上课的行为。等未来有合适的时机，妈妈决定再向小易提出做作业的行为目标。

厌学基本上就是孩子应对僵化父母的一种非常有效的方式，虽然孩子自己也要付出很大的代价。很多时候，孩子即便做了承诺，也常常会出尔反尔。家长会因此被惹怒。但是，家长完全可以从另一个角度来理解孩子的这些行为：他们是在无意识地试探家长的态度，似乎是在考验家长的耐心和家长对自己的接纳程度，也似乎是在呼唤父母去真正理解自己的痛苦，真正接纳自己的各种特点。

我常常观察到，当孩子用极端的方式打击父母之后，如果父母妥协并持接纳的态度，那么孩子随后反而会向好的方向前进一点。例如父母和孩子谈好去上学，结果孩子没有去，父母并没有骂他，孩子反而十分平静，还会认真看一会儿书。如果他用极端方式打击父母之后，父母暴跳如雷或者破口大骂，那么孩子就可能会退步，不仅不去上学，而且可能觉也不睡了。

其实，家长的付出是建设性的还是破坏性的，孩子完全能够感知到。建设性的付出越多，孩子回归就越快。家长破坏性的付出越多，孩子回归就越慢。

三、拉锯方程式

十四岁的佳佳（化名）在断网三周之后，由于妈妈的柔化工作做得很到位，她突然提出想恢复小学时的爱好——画画。虽然不是恢复学习，但妈妈似乎看到了一丝希望：至少孩子愿意走出家门，愿意开始学习。妈妈自然不敢怠慢，立刻帮她联系了两家培训机构，并约好周末去试听。

周六的早上，佳佳醒来后要妈妈抱抱、亲亲，妈妈一一满足,觉得孩子是在寻找小时候的感觉。

母女俩如约来到第一家机构,上课环境比较差,女儿立刻就不开心了,不愿意走进教室。在回家的路上妈妈问女儿是怎么想的,女儿很不耐烦,甩开妈妈的手。妈妈没有说什么,觉得说太多会让女儿更烦,闭嘴可能是最好的选择。

回家后佳佳又把自己反锁在房间里,妈妈耐心地在门外说:"妈妈知道你今天已经很勇敢了。如果对这家画室没兴趣没关系,我们换另外一家。"

话虽这样说,妈妈内心还是非常委屈的,一个人在房间里偷偷地哭了一会儿,然后跟老公通了个电话,获得了一些安慰。

晚饭前,佳佳已经打开了房门,妈妈看到她在吃零食。妈妈问:"明天我们去看看万达广场的那家画室吧!"佳佳高兴地说好。妈妈的心里又稍稍轻松了些,当晚还和佳佳一起看了电影。

周日下午,妈妈再次带佳佳外出,去看另外一家画室。这家画室的环境很好,老师是一位阳光的女老师,妈妈觉得很不错。可女儿依然坚持不进教室,说在外面看看就行。妈妈后来想想,也许做到这一步,孩子已经鼓起了很大的勇气吧。

当看到同学们画板上的画时，佳佳嘟囔着说："完了完了，这么多大佬，我好菜啊，我要死了！"

妈妈安慰她说："没关系的，我们来学画画是为了让自己放松、开心，是为了做自己感兴趣的事，不是来和别人比较高下的。我们学习时间也不长，不能和学习了很长时间的人比，因为没有可比性。"

佳佳似乎听不进去，脸色也越来越阴沉，突然蹲下来，不再看教室里面。

妈妈再次鼓励她说："没事，我们不是来和别人比画技的，只是出于兴趣来的，是来放松的。"

佳佳又开始烦躁，大声道："别说了！"

妈妈问："怎么了？"

佳佳突然发怒说："你想怎么样？"

妈妈愣了一下，的确没有想到女儿会突然变脸，但很快就平复下来，说："妈妈没想怎么样，是想问你想怎么样？"

佳佳说："我想去死！你能帮我去死吗？"

妈妈听到女儿这么说后，一时不知道怎么回答才好，就说:"妈妈怎么会舍得你去死,你也不会舍得妈妈的啊!"

几分钟后,女儿一点儿没动,眼睛里却一直含着泪。这也许是孩子想要努力,又感到无力、无奈吧。

妈妈轻轻地说:"你不想进去听,妈妈就去还试听卡。"从机构出来后,妈妈带佳佳在附近的公园坐了一会儿,女儿无声地流下了眼泪。妈妈蹲在她面前,轻轻帮她擦眼泪,表扬她很勇敢,表现比昨天好很多了,并且安慰她说这次只是来考察的,不需要马上决定上不上课。

女儿不说话。半个多小时后,妈妈再摸她的手,她并没有拒绝。妈妈明白她的情绪基本得到了安抚,就带着她去吃最想吃的火锅。佳佳吃得很满足。

回家时佳佳说:"妈妈,我想起我们家后面那条街上的活动中心也有画画的地方,我在那画过,也学过作文,我想去看看。"

这个地方妈妈事先还真没想到。妈妈对佳佳说:"好啊,明天妈妈帮你去看看时间和简介。"

第二天妈妈上班没有时间,就嘱咐孩子爸爸陪孩子去。晚上回家时佳佳说已经和爸爸商量好了,如果明天不下雨,请爸爸带她去看看。

这是佳佳数月来第一次和爸爸有交流，妈妈很开心。上一次两个人闹翻仅仅是因为爸爸说错了一句话。因此，妈妈还有点担心爸爸对女儿的控制和不接纳会再次伤害女儿，反复嘱咐爸爸注意事项。第二天佳佳和爸爸去看了，但因为没有上课，没看到老师和上课的同学。晚上吃完晚饭，佳佳主动要求一家三口一起打牌。妈妈特别开心。佳佳能主动提出邀请，家庭中的情感开始流动了！

一周之后，孩子在第五家画室里开始了绘画学习。一个月之后，佳佳又重新踏入了初中校园。

在这个案例里，大家可以按照下面的拉锯方程式，逐条对照妈妈与佳佳的互动过程：

成功的拉锯=1+2+3+4+5，具体来讲：

1指的是孩子感受到被父母亲真正接纳；

2指的是明确设定基本规则和每个小目标；

3指的是接纳孩子行为的反复，不生气，不焦虑；

4指的是抓住小的进步不断鼓励；

5指的是耐心等待。

在整个过程中，我们可以读出佳佳的不易、妈妈的不易。佳佳的不易体现在她虽然内心恐惧、焦虑，但是依然坚持做一次次的尝试，内心向好的愿望是非常强烈的。妈妈的不易体现在对自我情绪的觉察和控制上。在拉锯过程中，女儿的反应是非常情绪化的、非理性的，但是妈妈及时觉察到自己潜在的愤怒、不满，及时将这种负面情绪转化为理解、接纳和耐心，转化为积极想解决办法。像打太极拳一样，妈妈一次又一次化解了孩子强烈的情绪攻击。在有可能失控的时候，妈妈避开孩子，自己调节情绪，避免负面冲突将之前的成果破坏掉。

这位妈妈在佳佳出问题的早期，也和所有妈妈一样抓狂、无助，后来经过大量的咨询、学习和反思之后，慢慢开始掌握了化解孩子情绪困境的钥匙。对于孩子很多违反常规的行为，妈妈能够很好地理解和回应，比如出门前孩子要亲亲、抱抱的行为，妈妈都给予充分满足，一点都不敷衍。

孩子不愿意进教室，妈妈的理解是"孩子可能需要极大的勇气""在这个时候，妈妈觉得说的太多会让女儿更烦，闭嘴可能是最好的选择"。妈妈完全接纳孩子，没有一句抱怨和不满。

妈妈对孩子的放弃行为也完全接纳，不把自己的想法强加给孩子。此外，妈妈给予了孩子积极的反馈，让孩子看到了自己的进步，保护了孩子内心的小火苗。

孩子退回家之后，妈妈并没有气馁，也始终没有忘记一个个小目标。妈妈能够耐心等待合适的时机，给孩子提供合适的信息，启发孩子的行为。妈妈有足够的耐心，一次次陪孩子尝试。

这个孩子在整个过程中的矛盾情绪反应是非常典型的。很多厌学孩子在恢复学业过程中，都会经历这种心理过程。孩子表现出来的是试图尝试往前走一步，但有很强的担心、恐惧情绪，行为上常常退缩。在答应的目标完不成时，孩子会产生很强的愤怒情绪，会对家长发脾气，也会对自己发脾气。如果家长能够理解孩子复杂的心理过程，接纳、包容这些愤怒情绪，不去对抗、反击或讲道理，孩子就会有被支持的感觉，就不会自我贬低，就不会产生过分内疚、抑郁等破坏性情绪。这些愤怒被顺畅地表达出来以后，孩子内心反而渐渐能够平复下来。在合适的时机，孩子成长的力量又会再一次浮现出来。

如果家长没有反思、觉察，没有及时调整情绪，那么在以上互动中的每一个节点，家长都有无数次的机会把孩子已经恢复的脆弱的动力摧毁。

四、越控制，越伤心

一位妈妈写道："上周儿子自己订了规则，答应周一到周四放学就准时回家，可是周三晚上放学后我没等到他按时回家。在联系到他后，他说马上回家，说去同学家拿书。我在等待中有些生气，于是打他的手机号码，并连续发短信给他。但是他不接电话，也不回短信。我开始情绪失控，坐着哭了一场。"

这是非常常见的一种互动模式。在孩子违反规则的情况下，家长会在这个规则的缺口面前表现得情绪化，把缺口放大，而不去看孩子遵守规则的部分。这个孩子和妈妈制订了周一到周四准时回家的规则。除了周三晚上，孩子在周一、周二是遵守规则的。对于一个厌学的孩子来说，要像正常孩子一样完全尊重规则是比较困难的，尤其是在复学早期。但是，家长常常会控制不住，用正常孩子的标准来要求刚刚复学孩子。

当孩子违反规则的时候，家长的习惯性反应就是生气、指责和惩罚。这样，孩子慢慢地就不愿意给妈妈回消息了，选择及时行乐、先斩后奏。如果家长能够调整自己的反应方式，比如接纳孩子临时有事的可能性，甚至接纳孩子今天不愿遵守规则的可能性，仅仅去关注和确认孩子的地点和安全，问好回家的时间，对孩子晚回有心理准备，不连续打电话、发短信等，通过这些行动向孩子传递信任、接纳和关心的信息，那么就有可能调整以往的互动模式。

接下来，妈妈的情绪继续发酵：孩子九点半回家了，敲门，妈妈也没理孩子。这是带有惩罚性的互动。其实，即便孩子九点半回家，妈妈也可以开门，不去埋怨他，而是平静地问问他到哪儿去了，做了些什么事情，然后叫他洗洗睡即可。只要下次再跟他强调约定就可以了。如果家长跟他订了七天的约定，至少要允许他有两天到三天不守约。很多家长觉得跟孩子约了七天，只要孩子有一天不遵守，就是孩子在说谎，心里就会产生巨大的愤怒情绪。这种极强的没有灵活度的控制，会把双方的关系推向死胡同。

接着，妈妈说了一句不该说的话："我这辈子养你养得真憋屈。"这句话是一句强烈否定孩子、试图引发孩子强烈内疚情绪的话，目的是对孩子进行精神上的惩罚。这是一句杀伤力非常大的话，常常会引发孩子强烈的情绪反应，光这一句话就足以让亲子关系倒退三个月。

这就是妈妈多年以来和孩子的互动模式：妈妈要控制一切，孩子反抗，妈妈就会愤怒并对孩子施加精神惩罚。妈妈越控制，孩子越反抗。所以在与厌学孩子拉锯的过程中，家长要改变的就是这种互动模式。家长不改变互动模式，是很多孩子的厌学问题迁延不愈的根本原因。

这位妈妈反思道："事后我觉得虽然他违反约定，但我的反应有点过激了。其实我从心里不认可孩子，觉得他有各个方面的问题，接受不了他做的跟我想的不一样的事实。意识到这一点后，我很苦恼。孩子现在状态不好的核心因素可能就在这里。"

这位妈妈是有觉察的，有觉察是一切改变的起点。她也许只要稍微对孩子多一点接纳，孩子就可能会有大的飞跃。

其实很多家长都存在这个问题。我多次在现场讲课时问家长："你们能够马上说出自己孩子的三个优点吗？"一类家长能够非常快速地讲出孩子的三个优点。另一类家长却死活想不出来，哪怕是一个小小的优点。这些家长就是在骨子里不认可自己孩子。那很可能他们在骨子里也不认可自己，希望培养出一个完美的孩子来弥补自己的不完美。

我有一次组织亲子夏令营,在旅途中看到有一个妈妈经常会满含爱意地看着自己的孩子。我就问她:"我说你看够了吗?"她说:"没有,看不够!"她说,看到孩子天天茁壮成长,自己打心眼儿里高兴。这个妈妈抱着对孩子完全接纳和欣赏的心态,哪怕孩子的缺点在她眼里也是一种成长的象征。她内心非常开心,看到孩子的缺点也开心,全面地接纳、欣赏孩子。

如果你是从心里讨厌、不认可孩子的家长,那么你需要反思一下你小时候的成长环境。通常来说,你自己的爸爸妈妈就是这么看你的。这种不被接纳的痛苦记忆会对你产生终身的、隐秘的、自动化的影响,让你觉得自己是不好的。当看到孩子身上不好的地方的时候,你会自动放大孩子身上的缺点,否定和打击孩子。孩子的问题唤起了隐藏在家长心中的"小恶魔"。内心藏着这个"小恶魔"的家长如果想帮助孩子,就不得不去勇敢面对自己的情感死穴,努力改变。先尝试接纳自己,才能真正地去爱自己生养的孩子。

另一位妈妈写道:"今天早上我九点叫孩子起床,她不起。补习班十点开始。我叫了她好几次。她有点'起床气',出来后看到我正在煎鸡蛋,一脸不耐烦地说'下次拜托你煎好了再叫我'，然后就去洗漱了。我心里咯噔一下，一瞬间非常委屈，觉得孩子不懂事。但是我一言不发，转过去继续做早餐，孩子也没有继续说什么。她吃完了我还帮她辅导了数学作业，然后送她去上学。之后我去健身房跑步，跑的时候就在想，还好我早上没发火，瞬间控制住了委屈和愤怒，孩子只是有'起床气'，并不是对我无礼。我一旦发火，冲突肯定升级，亲子关系会出现大退步。不过我过两天会和她谈一下我当时心里的感受，我也需要尊重和关怀。"

这位妈妈对孩子的接纳度就高了很多，能够先忍耐、再觉察，最后还打算给予适度的反馈。她对孩子好的表现看在眼里。对于孩子不好的行为，她并不试图立刻进行纠正，而是表现出了包容。恰恰是这种包容给了孩子自我消化情绪的空间。如果妈妈内心没有包容，非常情绪化，那么早上无可避免会发生一场战斗。妈妈的关注点更多地放在孩子能吃饭、能服从学习辅导、能去上学这些良好的行为上。关注点的灵活转移避免了将"起床气"这个问题放大、上纲上线。最后，妈妈还记得承担教育孩子的职责，会和孩子讨论如何处理"起床气"的事情。这种讨论无疑能够增进母女的积极情感交流。

五、深度对话是拉锯的润滑剂

孩子厌学会让家长和孩子之间的情感与思想隔阂突显出来。家长甚至对与孩子交流产生了恐惧的心理，不知道对孩子说什么，生怕说错话惹孩子生气。如果家长通过学习和修炼，在内心接纳孩子的基础上，抓住或创造一些机会，在孩子心情好的时候，与孩子进行一些有思想或情感深度的对话，那么就可以大大加深与孩子的情感联结，把隔阂变小，让孩子和家长待在一起的时候变得更加安心，在拉锯时彼此也更加容易达成共识。

下面是一位妈妈记录的与女儿的沟通过程：

"晚上趁孩子心情好，和孩子做了一次深度的沟通。我主要问她阻碍她上学的因素有哪些，她讲了许多，我一边听一边帮她分类梳理。主要可以归纳为两方面，外部环境和内在观念。就外部环境来看，一个是小环境，有家庭、学校、老师、同学。孩子一开始说自己比较敏感，社交消耗了很多能量，后来说这些不造成影响。另一个是大的社会政治环境，大家普遍追求成功与竞争，而她自己不喜欢。

"就内在观念来看，一个是同学在青春期展现出来的粗野、世俗、不纯洁、不纯粹让她难以接受，而她自己也有这些部分,这让她感到不快;另一个是她认为生命是在一个又一个的循环当中,到现在她感受到她的一个循环已经结束,但是没有看到新的循环开始的迹象,这让她感到绝望。"

孩子讲出来的话常常是比较散乱的,这位妈妈运用自己头脑清晰的优点,帮助孩子对自己散乱的信息进行整理、归纳,既让孩子对自己的思路更加清晰,又让孩子觉得自己被妈妈充分理解和接纳。

这位妈妈接着写道:"我帮她一条一条分析和讨论,当时感觉基本上都化解了。最后说到具体行动的改变,一起约定好,一是平时手机交给我,每周六晚饭后到十一点给她自己使用,二是每晚十一点左右熄灯,三是放学后最晚六点开始写作业。谈完是十点半,十一点十分她把手机交给我,十二点十分熄灯睡觉了。"

深度交流使得母女之间的相互信任和接纳达到了新的高度,手机和作息管理起来就变得容易很多。这再一次说明,如果家长和孩子之间情感联结到位,很多问题就会迎刃而解。

和孩子深度交流常常会聊到过去的一些家庭情境,会促使家长从被自己遗忘的事情中得到新的感悟。她还写道:

"女儿说'妈妈，其实你学心理学并不好'。我问她是什么原因觉得不好，是不是我很多地方没做好？女儿回答说因为我学习心理学后，都不是以前的妈妈了。她习惯了我的冷淡和冷漠，突然间我变了，她觉得不适应，觉得不配我对她这么好。听到女儿说的话，我的内心十分震撼。"

在过去的十三年里，妈妈的确把主要精力放在了工作上，对女儿的陪伴以及情感的交流过少，总以为外公外婆已经把女儿的日常生活照顾得很好了，却忽略了女儿更需要的情感交流。妈妈的脑海里浮现出了自己"码字"时女儿在床上翻来覆去的场景。妈妈觉得女儿那时应该极其希望妈妈能陪伴她、给她讲故事、在妈妈温柔的声音中香甜入睡，但是那时候的她却是冰冷的，女儿感受不到她的疼爱。

现在这位妈妈十分欣慰，因为女儿看到了自己主动学习带来的改变。但是女儿担心妈妈会再次回到原来冷漠的状态，所以对现在妈妈的转变不敢完全相信，可能在无意识中也在考验妈妈是否真的转变了。这时候妈妈需要更加关心女儿，和女儿多沟通。现在晚上十一点之后，女儿不再玩手机，总会拉着妈妈聊好长一会儿。妈妈再困也会陪着她聊。妈妈需要对女儿持续表达爱，女儿一定会变得更自信的。

深度交流是亲子之间修复儿时受损的依恋关系的好机会，也是孩子反复确认家长对自己稳定的爱的好机会。与青少年进行晚间的深度交流常常会涉及死亡的话题。处于青少年期的孩子常常会主动谈到死亡的内容，如果家长能够不回避，能够流露真情实感，那么就更容易化解死亡话题带来的焦虑。

这位妈妈继续写道："女儿和我在床上一直聊到了晚上十二点四十分，说到了复学问题。女儿提出现在学生的压力比我那个年代的大，在学习文化课之外，还要考体育、画画和音乐。我表示认同，并告诉她我觉得她更不容易。女儿说到想跳楼，但因为想到会很痛，也想到这样做的话我会痛心，所以没有实施。我没有指责她怎么能这么想，而是说一定是她遇到了很痛苦的事，才会想用这样的方式逃避。我问女儿是什么事情，她说不知道。然后她说'自己死了，妈妈就没有累赘了，不是更轻松了，没有麻烦了吗'，我回答她说，'你是妈妈在这世界上最珍爱的宝贝，绝不是累赘'。女儿提到这段时间老和外公、外婆出去逛，没有时间画画了，中午也不能休息，所以无法早睡早起，想一周能有几天时间单独在家画画，我鼓励她主动和外公、外婆沟通。她说到了复学后如何学习物理、数学，要求我教她，我答应了，并告诉她如果有我不会的，可以再找其他人。我们在愉快的气氛中结束谈话，睡觉去了。"

厌学的孩子常常会把死亡话题放在嘴边，很多时候并不是真的想做出自杀的行为，而仅仅是试图表达自己对改变感到极端困难的感受，很多家长听到孩子谈论这个话题就会采取回避、指责、否定的方式，像上面这对母女能够对死亡话题谈上两个回合已经很不容易了。妈妈能够去接住这个话题，并做初步的探讨，表达对孩子的爱，这让孩子感受到了自己被看见、被理解、被接纳，于是很快就平静下来，开始有力量去讨论学习相关的话题。

六、积极回应的力量

厌学孩子的家长常常要面对大量的负面信息。很多家长面对负面信息只会习惯性表达焦虑和批评，非常容易导致和孩子的冲突。如果家长通过学习，能够学会积极阐释负面信息，那么就能够和孩子进行建设性的互动。

有一个刚复学的孩子下自习八点半到家后，说今天受凉了，想吐，鼻子完全不通，太难受了，爸爸听见后立即给孩子找药，让孩子回房间休息。十多分钟后，妈妈到儿子房间去，坐在床边，看着儿子问他是否好点了。

儿子："比刚回家时好些了，谢谢爸爸妈妈，你们辛苦了。妈妈，我今天上语文课被点名了。"

妈妈："哦，是因为什么事呢？"

儿子："我今天上语文课打瞌睡，被老师看见了。其实在语文课上我经常打瞌睡，只是今天老师看见了。"

妈妈："儿子，妈妈听到你说上语文课时经常打瞌睡，晚上回到家没看到你复习语文，期中考试语文都能得80分，说明你的智商很高啊！如果你上课能专心听讲，课后能复习、背诵的话，语文成绩还有很大的上升空间呢！"

儿子看着妈妈笑了，说："妈妈，不听语文课考试也不会得零分的，我也不全是打瞌睡，一般一节课前十分钟会眯一会儿，后面也就在听了，语文又不像数学那样连贯性强，即使开小差了后面也还能听懂。如果是数学就不行了，上数学课我不敢打瞌睡，不然老师会严厉批评的。"

妈妈依然微笑着看他，说："儿子，在你犯困的情况下，你还能眯一会儿，然后继续坚持听课，妈妈看到了你的努力。"

孩子到家的时候，身体已经不太舒服，还压着心事。如果爸爸妈妈不是很关心孩子，不那么体贴，孩子可能就会把心事一直压着不说，时间长了和其他事情一叠加，也许会导致更大的问题。但是，由于爸爸妈妈对孩子很关心，妈妈还专门走到房间里问候他，孩子在父母关爱的心理环境下，才有勇气去表达不开心的事情。妈妈的回答富有创意，能够在基于事实的基础上，对负面的信息进行积极加工，不去关注孩子犯的错误，而是关注孩子已经做到的好的部分，孩子的心结好像一下子被打开了，变得更有力量了。这次对话无疑给长期处于抑郁、自责状态的孩子打开了一个新的观察和理解事情的视角。

有一位妈妈这样鼓励自己的孩子："孩子觉得自己中段考努力了，就连最有自信的生物也没有达到平均分。她午饭的时候表达了失望，我对她说'我从来都没有看见你这样努力过'。她很意外，说自己语文和生物都没有达到平均分，我说'尽管你没有达到平均分，但是你这两门所得的分数是你的最高分'。孩子的眼睛闪闪发亮。从此以后，她不再找我背书了，只有生物、语文背得最起劲时会主动找我背。我现在越来越觉得家长就是孩子的加油站。我不知道自己的哪句话对孩子有影响力,可能是磁场对了,她就感受到了。虽然我还是一着急就会讲一些负能量的话,但是我一定会少说一些负面的语言,尽量让自己说的每一句话都是正面的。"

如果家长能够关注孩子进步的地方,忽视孩子的缺点,不去追求完美,那么孩子的自信和学习动力就能够很快恢复。

一位爸爸如此描述女儿最近的状况:"孩子最近补习班的出勤率越来越高(超过百分之四十),作业完成情况也不错(能完成一半作业),我和补习班的老师沟通得也不错。如果作业太多,我会主动帮孩子和老师谈判。孩子也能遵守网络使用规则。我已经很满意了,一点儿都不焦虑。老师很严肃地告诉我,上周第一次英语测试她得了66分。我说不错啊,我还以为会不及格呢!女儿在回来路上跟我说'老师一定觉得你这个爸爸太不靠谱了'。我说你都那么久没上课了,能考66分已经很厉害了。昨天又有一次英语测试,她考了90分。我和她说你不要用力过猛,以后没进步空间了,总分只有100分。女儿的自信心在一点点恢复。女儿最不喜欢数学,我打算和老师商量一下,给她出一份简单的卷子,让她考得好一点儿,先增强她在数学方面的自信。"

这位爸爸深知，一次鼓励给孩子带来改变的力量要远远大于一次批评带来的改变。开展积极的对话不但能够激发孩子的动力，而且是家长的思维方式潜移默化影响孩子的好机会。

晚上女儿和妈妈聊天，聊到了一位曾经在英语辅导班上遇到的叫W的女孩。之前这个女孩和她说过，羡慕她有一个好妈妈，能协商，还可以理解她。W的父母经常打骂她，会对她说"你怎么不去死"。

女儿突然说："其实W的妈妈那样对她反而更好。"妈妈问："为什么这么说？"女儿说："因为她妈妈老说她差，她也基本认定自己就是差的。不像我，有时候我觉得我很差，再努力也达不到自己期待的水平。但没多久又想，不行，我还年轻，我还有梦想没有实现，我还可以努力。这样反反复复，好痛苦啊！"

妈妈说："你这样想很正常。在遇到困难时，多数人都会感觉到吃力，会不自信，但你还能鼓励自己去进一步努力，说明你对自己是有要求的，是有目标的。这个过程有些痛苦，但是只要你坚持去做，就一定能实现自己的梦想。"

一次积极关注可以带来惊艳的效果，多次积极关注就能够改变事情发展的走向。

　　有一个高三的男孩来找我咨询，他从高一开始休学，断断续续拖了三年，今年终于要参加高考了。长时间以来，这个孩子情绪非常不稳定，各种问题不断，不是跟同学关系不好，就是和老师吵架，要不就是在家发脾气、砸东西，最吓人的是动不动就用自杀来威胁他人。爸爸妈妈为此感到非常忧愁和焦虑。我观察孩子后发现，虽然他闹腾得很厉害，但是基本还是围绕担心成绩上不去这个问题。他自己能够给自己制订细致的学习计划，虽然每个计划只能执行百分之六十左右，但各个科目落下的功课还是在一点点儿赶上。

　　基于这种观察，我在每次咨询的时候，都会不断地强化他身上的优点，让他清晰地看到自己好的方面，比如我会说："虽然你经常遇到这样那样的问题，情绪也时常控制不住，但是我看到你在心理压力这么大的情况下，依然能够坚持到现在，这是很了不起的。虽然有很多不如意，但是你坚持学习，坚持考试，而且这些都是你在顶着抑郁症、坚持吃药的情况下进行的。我觉得你是非常了不起的，换了其他人肯定做不到。你是一个非常坚强的孩子。"

　　孩子每次听到这些话，眼睛都会放光。

我在孩子的父母面前也这么评价孩子，孩子妈妈每次都不同意，觉得孩子就是不肯反思。妈妈非常焦虑，还毫不掩饰地把这种焦虑传递给孩子。我可以感受到妈妈对孩子是否定的，是不认同的。实际上，这个妈妈打心底里对自己不认同，否定自己。家长的这种想法一定会被孩子感受到。孩子的不自信很可能就是长期被妈妈打压的结果。

不管怎样，考试一天天临近，每次孩子来咨询的时候，我都会想办法帮他看到他自己非常厉害的地方，让他感受到自己的力量。后来孩子的高考分数比二本线还高了二十分。如果爸爸妈妈有更多信心的话，可能结果还会更好。

我们在拉锯过程中要永远有信心，在最困难的情况下也要看向孩子进步的地方，然后拉着孩子一步步朝目标走。这种积极视角就像发动机一样，能自然而然重启孩子的学习动力。

七、掌握拉锯过程中的灵活性

拉锯过程从表面上看，是家长应对孩子对自己的挑战，从根本上看是家长帮助孩子克服他面临的困难。在拉锯过程中，家长的角色有时候是孩子的引领者，有时候是孩子的助手。家长要根据自己的经验和感受、孩子的实际情况，在多个角色中自如地转换。

下面是一位妈妈记录的"拉"着孩子克服困难的过程。

妈妈写道："女儿5月3日晚上返校，4日、5日期中考试。在放假的三天半时间里，女儿并没有复习功课，除了3日白天睡睡觉，其余两天半时间被她安排得满满的——和同学逛街，看电影，参加动漫展。3日晚上返校前，她告诉我不想参加考试，觉得自己什么也不会，会考得很差，问我怎么办，还说班上的Y同学就可以不参加考试。我问她自己是怎么决定的。我说如果问我的意见，我一定支持她参加考试，因为之前学校老师就说过，如果不参加考试就转学。我也明确告知她，不去参加考试的Y同学的学籍不在她的学校，她们俩的情况不一样。我说'既然你能够接受自己学不进去，也应该接受自己考得很差'。很快，她不纠结了，去了学校。"

孩子对考试是恐惧的，妈妈的表态是比较坚决的，但是并不生硬。孩子不愿去考试的原因是害怕考得不好，而不是害怕进入考场，因此妈妈解释了一定要去参加考试的理由，而且指出孩子其实已经接纳自己目前学不进去的状态，考糟糕一点也没有什么大不了。应该说，这位妈妈从表面上看很强硬，实际上却很细腻，巧妙地把孩子拉过了这道小小的沟坎。

接下来，孩子又提出了自己的困难，妈妈写道："5月5日考完试，孩子和我联系说心情不好，想回家待一晚上，我没有答应。一是因为我们曾经答应过班主任不再轻易请假；二是我想让她在学校消化一下考得不好的心情，不能一遇事就逃回家里，然后下次照犯不误。后来在我的坚持下，连续三天我都没答应她回家的要求。5月7日，她说没有厚衣服，希望我带些衣服和吃的东西给她。到了晚饭时间，我和爸爸去学校把她带出来吃了顿饭，能感觉到她的情绪还不错，也没有闹着要和我们回家。"

妈妈能够感觉到孩子内心的想法是希望妈妈能够在这个时刻把她从困难中"拉"出去，因此，妈妈给出了明确的拒绝理由。这个妈妈的逻辑是非常清晰的，孩子并没有遇到特别难的事件，符合老师说的不能轻易请假的状况，因此妈妈拒绝她的理由是充分的。妈妈能够猜测到孩子想回家是由于不愿自己消化不良情绪，希望通过拒绝孩子来让孩子尝试自己面对困难。但是妈妈也保持了一定的灵活度。在坚持了三天后，当孩子提出一些生活需求时，妈妈立刻满足了孩子的需求。其实妈妈是有判断的，孩子第四天只是提出了要厚衣服和食物，说明孩子已经在学校成功化解了想逃避的心理。妈妈及时用行动给予了孩子关心。孩子的反应与妈妈的判断还是比较一致的。这是一次成功的与孩子的拉锯过程。看来，家长通过准确的判断，不含敌意地坚持底线，孩子反而能够更有力量去面对一些困难。

另一些时候，家长通过"陪伴"来实施拉锯。

"孩子终于接受了外出补课的建议，课前，家长跟老师充分沟通，说明情况，要老师多鼓励，以建立孩子的信心为首要目标。在第一次数学补习课上，按照孩子要求，妈妈全程陪伴。孩子听课认真，积极思考，得到了老师的表扬，孩子很高兴，对自己提高数学成绩很有信心。"

孩子开始愿意外出补课，是一次重大突破。在这个时候，家长可以允许孩子提出合理的交换条件。虽然要求妈妈陪着上课看上去像是一种"退行"的表现，但这种"退行"可以帮助孩子完成退一步、进三步的跳跃过程。因此，妈妈做到了无条件接纳，确保孩子的主要目标能够完成。在这个时候，家长要有一定的灵活性，如果思想过于僵化，认为这么大的孩子读书不能让大人陪，粗暴地看待和回应孩子的需要，就可能导致孩子再退回原来的状态。

有时候，只要妈妈闭上嘴，远远地"看着"孩子，这个拉锯的过程就可以顺利完成。

"以前，我和女儿经常吵架，两个人比谁声音大。她讲大道理讲不过我，就再也不和我说话了。从正式开始心理学的学习到今天正好三个月了，我没有和她大声说过一次话，发过一次脾气，她也没有对我大声说过话，发过脾气。就算断网的时候，我们也没有发生过激烈冲突。我现在才明白，家不是讲道理的地方。我现在只是偶尔和她有一些小争执、小辩论，要是以前她早就跳起来了，现在她平静了许多。"

很多孩子因为一些小事和父母纠缠，这往往是他们感受到家长对他们的不接纳所导致的。妈妈不吼，孩子也不会闹。

在拉锯过程中，通常只有在网络管理时需要用到"拽"的动作。在解决其他问题时"拽"孩子，极易因为产生对抗而失败。

"老师周末布置了完成英语和数学测评卷的作业，要求孩子在家里完成，周一交给老师检查，结果她一直不写。到了昨晚我找她谈话，她说老师布置作业太多，说我不是合格的家长，我没忍住就和她讲大道理。她很生气，开始翻旧账，以证明我不是合格的家长。她说明天自己和老师请假，不去补习了。昨晚她把画画的电脑搬到自己房间了，应该睡得很晚。今早我和老师沟通，她昨晚的确和老师请了两到三天假，说自己情绪崩溃，要调整一下。她门口还贴了一张条子，用的二次元的语言，告诉我要休假。虽然我没有冲孩子发过火，但我也不是完全淡定的，很委屈，觉得孩子不懂事。我需要'反击'，需要情绪出口，所以也贴了一张条子在我房门口。"

这位妈妈和孩子的关系好像不是母女，更像是姐妹，要彼此争个高下。孩子则乘机利用冲突，利用妈妈想说服自己的逻辑缺口来突破规则。

在拉锯过程中，一旦家长情绪上来，和孩子发生争吵，基本上这个拉锯过程就失败了。争吵意味着对孩子的否定和不接纳，孩子的内在动力会被一下子打压下去。争吵也意味着家长没有看到或者理解孩子不遵守规则的真正原因，因此家长无法对目标进行合理的调整。这时候，家长要放下争辩对错的心，尝试进一步沟通，去理解孩子真正的困难所在，并在理解的基础上接纳，在接纳的基础上重新设定可执行的目标。

有时候，在和孩子拉锯的过程中，家长的创造性也是非常重要的。

旦旦（化名）今年十四岁，休学两年，在家恢复学习两个月。有一天中午，他对妈妈发牢骚说："妈，下午我不想去上补课班了，讲得太快，我都快累死了！今天我歇一下午。"妈妈说："好的，妈妈给你请个假。"但是妈妈并没有给他请假，而是联系老师，说了孩子的情况，请他放慢讲课速度，说目前主要目标是维持孩子的学习兴趣，自己对孩子的分数没有要求。然后妈妈走进旦旦的房间，温柔地说："孩子，妈妈刚给你请假了，可老师说下午时间太紧张，不好调整了，问你能不能坚持去上。明天下午他调成别的孩子上课，你就可以不去了。妈妈下午请假不上班了，把你送过去，等你上完课，陪你去射箭，好吗？"孩子说："好的，妈妈，我午休一会儿，你过一会儿叫我吧！"

下午上完课，孩子高兴地跑了出来，说："妈，今天我都听懂了，明天不用调课了，今天听懂后，也不觉得累了，还挺高兴的！"

妈妈在心里长出了一口气，觉得又帮孩子挺过一关。

在拉锯的过程中，家长常常需要发挥创造力，帮孩子想更多的办法和资源去突破一些困境。比如孩子不愿意去学校上课，觉得学校老师讲得很差，还会批评人，自己觉得压力大，于是妈妈花了不少时间，找了一些讲得生动、有趣的网课，让孩子上。孩子尝试后，觉得不错，就把一些落下的课程一点点补了上来。因此家长不能一味对孩子提要求。给孩子提供适合孩子的方法，往往能起到事半功倍的效果。

家长和孩子拉锯的过程是缓慢而痛苦的，孩子的痛苦在于：复学真的很难，身体的疲劳感、内心的恐惧和自卑是真真切切的，网络的吸引无处不在，随时都想逃入网络幻觉产生的快感之中。

只有当自己的痛苦被父母看到、自己的软弱被适度地约束、后退的时候有人撑住、前进的时候有人开道、沮丧的时候有人疏解、愤怒的时候有人承受时，孩子才能逐步治愈内心的伤口，恢复信心，迈开脚步，一点点向前。

家长的痛苦在于：家长越是看不惯孩子的行为，越是着急想把孩子扭转过来，孩子的反抗就越强烈，离家长的目标就越遥远。在家长真正愿意理解孩子、接纳孩子时，家长才能够在此基础上设定一个个小目标，才能够充满热情地和孩子一同克服各种困难,取得一个个小小的进步,才能够容忍孩子任何程度的退步,经受住孩子对自己的考验,让孩子感受到父母愿意和他一起并肩战斗。

家庭作业:

1. 每周对三次拉锯进行分析和讨论,总结经验教训。
2. 努力尝试用积极的视角看待拉锯过程。

第七章
实施复学拉锯（下）

父母要非常清楚地知道，
你们向孩子传递要复学的信息时，
不要简单地把压力转到孩子身上，
而是要时刻准备好和孩子一起全力以赴
去面对每一个困难时刻。

一、家长如何为复学做准备？

孩子在家里待了很长时间之后，终于到了要复学的时候。这个时候是家长最紧张的时候，同样也是孩子最紧张的时候。

复学的准备工作包括：评估复学的可能性、向孩子传递复学信息、复学前家长与学校的沟通准备、复学第一天的应对、复学第一阶段的应对等。

第一点，家长要对孩子复学的可能性提前进行评估。

一般来说，如果满足以下这些基本条件，那么就可以考虑进行复学的推进了。这些基本条件包括：

1. 家庭氛围比以前有了显著的改善，家长和孩子能够比较融洽地相处，能够比较顺畅地进行交流，能够一起进行逛街、看电影、吃饭等家庭活动，孩子和家长有比较多的时间是处于积极的情绪状态之下的。

2. 网络管理比较成功，孩子每天的网络时间至少小于2小时，而且不需要家长过多参与管理，孩子能够比较自觉、主动地控制。

3. 孩子的作息时间比较正常，晚上十二点前能够睡觉，早上十点前能够起床。

4. 孩子每天至少能够保持4个小时的学习时间，包括补课和自主学习时间。

第二点，家长要开始把复学的信息非常清晰地传递给孩子。

即使是孩子的状态还没有恢复得比较好，家长也要非常确定地告诉孩子关于复学的具体信息和情况，包括学校几号开学，计划让孩子去原来的学校还是新的学校，计划让孩子上哪个年级，是去原来的班级还是新的班级（这些信息要与第五步启动学业目标相一致），还包括本学期学习的目标是什么，可能会有什么困难，可能会有哪些优势，以及爸爸妈妈、老师、同学会给予孩子哪些帮助。

孩子可能会拒绝听这些内容，可能听了会产生更大的压力，也可能有一些想法和父母的想法不一致，甚至可能会与家长产生更大的冲突。即便如此，家长还是要把这些内容清晰地告诉孩子。因为这是孩子复学时必须面对的现实，提前告知孩子可以让孩子有一种在想象中预演的效果，这个阶段可以作为孩子与复学直接接触的一个过渡状态。当然，家长需要用一种柔和的方式告诉孩子，也可以把要告知的内容分批传递给他，不一定要一次性都讲完。同时，家长为了向孩子传递复学的决心，可以把同样的内容多次向孩子传递。

在向孩子传递这些复学信息的时候，自己内心要保持一定的灵活性，比如家长要知道，如果回到学校，孩子不能马上适应学习的节奏，家长能否接受孩子只听课而不做作业？能否接受孩子只上半天课？或者能否接受孩子每周只有百分之二十甚至更低的出勤率？对这些可能性，父母在心理上要预先有所准备，做好预案，这样才不至于在上述情况发生的时候，父母出现情绪失控的情况。父母要非常清楚地知道，向孩子传递信息时不要简单地把压力转到孩子身上，而是要时刻准备好和孩子一起去面对每一个困难时刻。

这是一对爸爸妈妈给即将复学的孩子说的一段话：

"我们看到了你最近在努力为复学做准备，非常了不起，虽然你偶尔还会违反约定，但是相比以前已经有了很大进步，你应该会越来越好。另外，你想返回学校上学，爸爸妈妈感到很高兴。爸爸妈妈正在积极和学校联系，但是你分到哪一个班是学校教学处统一管理的,不保证能回到原来的班级。假如回到了学校,一开始学业上应该会有点吃力,爸爸妈妈表示理解,你尽力就好。爸爸妈妈可以给你找一个家教,协助你完成各科作业,你觉得怎么样?这样你就不会因为作业问题在新班级被老师批评了。而且你那么聪明,爸爸妈妈相信很快你就能跟上进度,不需要家庭教师也能独立完成了。你对自己要有信心。"

第三点,家长要提前和学校进行细致的沟通。

厌学的孩子重新返回学校是非常不容易的,需要学校和老师给予心理上的宽容、接纳和学业上实际的支持。但是并不是所有的学校和老师都愿意为这些孩子付出这些宽容和接纳,有些学校平时对学生的要求就非常严格,很难接受一个无法全勤上学、无法认真完成作业、无法认真听讲的孩子。如果让孩子贸然进入这样的学校,很容易被老师排斥,造成第二次伤害。有些老师虽然有意愿去接纳这样的孩子,但是由于精力有限、对孩子的关注度有限、关心的方法有限,常常会无意识地"碰伤"孩子,导致孩子再度停学。

因此,复学之前,家长要争取和学校及班主任做比较充分的沟通,看看学校的文化氛围是否能够接纳这类孩子。

如果家长经过评估发现学校对孩子的要求有可能是比较苛刻的，那么建议家长一定要谨慎，甚至不惜付出代价，更换学校。家长和班主任的沟通也需要比较仔细，沟通的目的是希望班主任及各科老师对孩子的情况有心理准备，希望老师上课时不给孩子过多的压力，对孩子的作业要求也不要太高，让孩子能够顺利完成从停学到复学的过渡。家长千万不要觉得把孩子的情况对老师保密，也许孩子就挺过去了。大部分情况下，孩子在复学初期很难像正常孩子那样专注学习，认真完成作业，正常应对考试。同时，他们在心理上也非常敏感，如果老师说话不注意，很容易把孩子微弱的学习的火苗吹灭。

第四点，认真对待刚复学的几天。

临近复学，以及刚复学的几天，任何让家长抓狂的事情都有可能发生，因此这几天对家长来说是很大的考验。家长在这个关键时刻，如果能够控制好自己的情绪，细致地帮助孩子克服这几天可能出现的一些困难，接纳孩子可能会有的退步，孩子就有可能一步步慢慢地融入学校的生活。否则，孩子很可能因为一个小小的原因，例如因为家长一个细微的不接纳的表情而重新沮丧地退回家里。

因此，临近开学的1-2周内，晚上尽量不要安排让孩子兴奋的活动，比如逛街、打游戏、看电视、过度运动等。全家都要开始养成早睡早起的习惯。有不少孩子在开学前会请求家长放开网络或电视的时间让他放松，通常的理由就是我先玩个够，开学了就可以专心学习了。但是根据经验来说，如果开学前放开玩，开学后认真学习的可能性是没有的，反而更难适应开学后的学习生活。家长不要被孩子这种逃避的逻辑带偏了。临近开学，孩子有焦虑的情绪是非常正常的，毕竟这么长时间没有去学校了。最简单的减轻焦虑的方式就是每天进行规律的学业补习，时间最少要在两小时以上，用以调节孩子的思维及身体状态。

在复学前一天晚上，很多孩子会找各种理由让自己兴奋或晚睡，家长一定要注意这一点。因为孩子前一天晚上晚睡的话，第二天很可能会不去学校，所以一定要安静地度过这一晚。同时要和孩子提前约定好第二天起床的时间。如果孩子睡不着，家长可以陪伴在孩子身边，陪孩子说说话，但不宜说太长时间。即便睡不着，也要熄灯并安静地躺着。

第五点，第一天上学时的陪伴非常关键。

孩子第一天上学时，家长可以根据孩子的精神状态，决定是否陪孩子上学。我的建议是，大部分情况下，家长最好都要陪同孩子去上学，甚至陪同孩子进入学校，和班主任见面。当天见班主任的目的是给孩子壮胆，同时也可以跟老师落实更加细节性的安排，比如请老师给孩子在安排座位、作业要求等方面给予一些方便。家长最好留下老师的联系方式，便于后续跟进。

对于孩子来说，第一天上学的每一分钟都不容易。因此，可以提前和孩子、老师沟通好，只上半天课，甚至第二天来正式上课都可以。这样，可以给孩子一个心理上的缓冲余地。这些细致的考虑会让孩子感觉到家长和他是在一个战壕里战斗，而不是仅仅把他推进学校就溜之大吉了。这样，孩子会更加感到安心和被支持。

很多家长有时会害怕与老师进行联系和沟通，但这个时候，不管你以前有多害怕，现在必须去和老师建立必要的联结，进行必要的联系和沟通。这样做了以后，你会发现其实这并没有原来想象中的那么难。如果家长在老师那里碰了一鼻子灰，那么你也能够更加清楚地体会到孩子面对的是什么样的老师，就能够更加体谅孩子的困难。

第六点，耐心度过复学的过渡时期。

从孩子开始复学到完全融入学校生活，是一个缓慢的过程，短则一到两个月，长则半年到一年，有的孩子甚至需要花费更长的时间去适应。家长如果期望孩子一开始复学就完全恢复正常的学习状态，是不现实的。孩子在复学初期可能会有"去两天休三天"、不做作业、不愿考试等各种问题。同时，孩子也在努力寻找自己的节奏。孩子有可能第一周去了三天，第二周去四天，第三周只去一天，到第四周，竟然五天都去了。面对这些非常规的行为，家长要有极大的包容度，要能够平静地接纳，积极地支持，轻微、巧妙地推动。

一位妈妈写道："早上叫孩子起床叫了三次，孩子都没起来，而且孩子的眼神很犹豫。我心里咯噔一下，觉得今天有可能去不成学校了。我在心里稳住自己，没有催她。孩子后来还是起来了，但是我看时间明显来不及了，还是稳住情绪，没有催她。同时，我给老师发微信，告知孩子的情况，可能今天返校有困难。我能感觉到孩子在痛苦地挣扎，就主动对孩子说，没事，妈妈知道你坐在教室里很不舒服，没关系，我已经帮你请假了，先缓一缓，妈妈今天也请假在家里陪你。孩子松了口气，看了会儿闲书，画了会儿画。"

一位爸爸这样理解自己的孩子："这周虽然只去了两个半天，但是，我感受到孩子有非常强烈的想尽快恢复学习的愿望。孩子的微信签名经常变化，内容都是激励自己要努力的语句。我相信，家长的耐心和持续的鼓励一定是孩子此时此刻最需要的，家长急切和烦躁的情绪是孩子最不需要的。"

在复学的道路上，慢就意味着快。家长心理稳定高于一切。

在复学过渡期，家长和老师的互动无疑是非常重要的。互动好了，相互赋能，遇到问题更容易解决，互动不好，很容易搞僵，最后所有的压力只会落到孩子身上。

有一个孩子在复学的第一周只去了三天，妈妈就在周末给班主任和几位任课老师分别发了微信，说明孩子目前正处于返校心理适应阶段，请老师谅解，同时也感谢班主任这几天来对孩子的照顾和关心。班主任在晚上也给妈妈回复了一条很长的信息，说非常感谢家长的理解，介绍了班级的情况，也表达了对孩子的怜惜和爱护，夸奖妈妈是个好家长，说愿意配合妈妈的教育方式。

所以，家长要想办法和老师保持良好的互动和沟通，要多看到老师为孩子做了哪些努力，要经常对老师表示感谢，也要为了孩子更直接地向老师表达诉求。

有时候，家长还要关注很多老师的一个重要的顾虑，就是万一孩子因为有心理疾病，在学校上课期间出现一些严重行为问题，老师应该怎么办。学校和老师都要对此承担很大的责任。虽然家长对孩子有自己的判断，但老师们出于自我保护而产生的担忧也是可以理解的。有位家长在孩子复学之后，觉察到学校有这种顾虑，就主动写了一份承诺书，内容是：孩子在校期间，由于自身原因产生的安全和学习问题与学校和所有任课老师无关。家长还在承诺书上签字，按手印，之后拍照发给班主任老师。老师们看到这份承诺书后，都非常感动，感到家长能够理解老师的担忧。后来老师们也很愿意去主动理解和帮助这位妈妈。

如果说家长内心的稳定给孩子创造了复学的内在环境，那么，老师的配合和鼓励会给孩子创造一个良好的外在环境。这两个环境都与家长的积极努力密不可分。家长努力到什么程度，孩子就能够进步到什么高度。

二、对孩子的退步保持淡定

小高（化名）在休学一年后，重新返回了校园，进入了一个新的初三班级。两个月之后，他交了几个朋友，各方面开始稳定下来。不料这时学校要重新分班，小高不得不进入另一个班级，又经历了一场不小的考验。分班当天下午，学校组织了摸底考试，小高考得还不错。但是他偷偷地告诉父母，他考数学时抄了同桌的卷子，所以成绩是不真实的，是自己太在乎新班主任对他的第一印象了，所以作弊了。小高还说过一周后要月考，肯定成绩就会大幅下降了。果然小高的月考考得一塌糊涂。紧接着在"五·一"劳动节假期之后，该开学了，他窝在被窝里说不适应新班级，想休息几天。之后的五天，他一直在家休息，没有去学校，第六天才缓过劲来，重新去上学。

事后，小高的妈妈做了反思和总结："这一周我们家最大的挑战不是孩子没上学，而是我如何能保持不焦虑。很高兴，我做到了。在孩子说想休息几天的时候，第一天，我开始焦虑，第二天，我开始有意识地觉知，不断地提醒自己几个问题：'你的焦虑情绪对解决问题有一点儿用处吗？''孩子几天不上学他一辈子就完了吗？''你还记得半年前你的愿望吗？''你知道一个妈妈的快乐对一个家庭有多重要吗？''你信任你的儿子吗？''真正的爱是在自己成长的同时帮助对方成长，你的爱是真正的爱吗？是控制还是依赖？'"

然后她自己回答自己："我的焦虑对解决问题没一点儿用处，只能火上浇油。孩子几天不上学没关系的，有时候也会因为生病几天不去上学，情况没有我想象得那么糟糕。半年前我的愿望是让孩子尽快从忧郁里走出来，每天快快乐乐的，现在儿子的情绪完全没有问题了，而且还回到学校了，而我又得寸进尺了，想让他一下子变得特别自律，我太贪婪了。我不信任我的儿子，不相信他有力量走出来，我应该信任他，相信他有面对困难、解决困难的能力，只是需要时间。我的爱不是真正的爱，是依赖，是在情绪上与儿子纠缠不清，他碰到困难时我比他还着急，这是不健康的。"

小高妈妈通过上面的对话觉察自己的情绪，进而开始行动，"这是谁的问题，就要由谁来解决"。

小高妈妈还对孩子的心理进行了深度的分析，看到很多孩子的优点，更好地去理解孩子的内心：

"孩子在经历过休学一年又复学后的兴奋和热情后，

生活渐渐归于平静，在平淡、重复、枯燥的学习中，经历了一次次打击和挫折。这使他认识到：在这样一个重点中学，要想把落下的课一下子追上来不是轻而易举的事情。他会逐渐在心里接受这个现实，不再好高骛远，允许自己暂时不优秀，接纳自己暂时不如别人的现状，不再盲目着急地和别人攀比，而是设立一个个小目标，一步步开始追。

"虽然孩子这次连续几天没有上学，但他的整体状态呈现一个螺旋式上升的趋势。抛开上学天数和学习成绩不说，孩子在心智方面有了巨大的进步，在经历一次次痛苦和打击后，他不再一味退缩和逃避，而是通过一次次挫折，逐渐提高了自己的抗挫能力和认知。他前几天对我说：'经过我这几天的思考，我觉得以前我错了，有什么困难都依靠心理老师，跑去找他诉说，我以后不能完全依赖他了，那是一种变相的逃避，我要有自己的思想和判断。我觉得不管在生活上还是学习上，我最缺少的就是坚持，吃不了苦，只喜欢安逸。'听着孩子这一次次的感悟，我们父母感慨，这真的是一次次经过痛苦之后的成长啊！"

家长在复学阶段和孩子的拉锯过程中，要深刻领悟到，这个拉锯过程本质上是一个臣服的过程，父母必须接纳孩子的局限性,给孩子以更多的时间和心理空间,允许孩子按自己节奏慢慢来。家长唯一能做的是放下自己的期待,给孩子更多的爱和接纳,有时候太用力反而会适得其反。

小高妈妈有几次试图帮助孩子,和孩子谈学习,没想到却给了孩子更大的压力,谈完后,有些科目反而退步了。与此相反,当妈妈对儿子学习动力不足表示充分理解、共情和允许的情况下,小高自己反倒会恢复一部分动力。这真的是很神奇的一件事情。

很多时候,家长的积极帮助往往意味着对孩子的否定。相反,家长的接纳、等待、允许,反倒传递了信任的信息。被信任之后,孩子的能量反倒被激发了出来。

大鹏(化名)16岁了,因为厌学和网络成瘾,在家玩了一年。妈妈经过自我反思和柔化之后,对孩子进行了网络管理。孩子断断续续开始了艰难的复学过程:先去补习机构,计划把落下的功课慢慢补起来,等九月开始上初三参加中考。大鹏去补习的过程非常不稳定,导致妈妈和他在补习时的拉锯过程很辛苦。

有一次,大鹏因为妈妈对他的网络限制非常不满,故意晚上不睡觉,没有网络也打开电脑玩非常简单的单机版游戏。从周一开始，大鹏连续五天都没有去补课，白天睡到下午三四点，说要故意气妈妈。他对妈妈说："你不让我好过，我也不让你好过，我要让你之前的努力都白费。"大鹏又对妈妈说："我现在没有动力了，对于考试一点都不紧张。"大鹏还要求妈妈把他的零花钱翻一倍，从每周一百加到两百，理由是他已经开始补习了。

对于大鹏的这些行为，妈妈在情绪上并没有太大的反应，没有在孩子面前表现出极大的焦虑，也没有激烈地指责孩子，只做了一件事情，就是默默地坚持网络的管理不放松，不管大鹏用什么来威胁，妈妈都丝毫不动摇。对于孩子要增加零花钱的事情，妈妈虽然觉得问题不大，但也同样守住了规则底线。大鹏妈妈对大鹏说："上课本来就是你自己的事，要增加零花钱可以，之前就讲过，在你做到作息正常或完成课后作业其中的一样时，可以作为奖励增加零花钱，但你至今没有做到。"

虽然妈妈在规则方面拒绝了孩子的要求，但其他方面，妈妈还是一如既往对孩子关心、照顾、陪伴，和孩子一起吃好吃的，还逛了一次街，给孩子买了双篮球鞋，并没有因为大鹏几天不去上学就给孩子脸色看或在其他方面惩罚孩子。

周六的时候,大鹏和朋友聚会,告诉妈妈说晚上不回来了,让妈妈别担心,他有住的地方,很安全。虽然孩子打电话跟妈妈说话的时候态度很好,但是妈妈并没有同意。妈妈知道,大鹏的这几个朋友年龄比他大,家里比较有钱,学业基本已经荒废了,最主要的原因是他们的父母不在身边,是孩子自己租房子住。因此妈妈还是坚决地拒绝了孩子的请求,而且对大鹏说,根据《未成年保护法》,他未经家长同意夜不归宿和收留者收留未成年人都是违法的,妈妈会动用警察去找他。大鹏很不高兴,在微信里和妈妈死缠烂打,但妈妈就是没有同意,一直僵持到半夜12点多,他才同意回家。

但是回家后大鹏不仅没有情绪暴怒,还和妈妈兴奋地聊了好长时间,说晚上认识了一个做歌手的朋友,他很厉害,6岁就开始自己创作音乐,现在每月演出收入有上万元。

妈妈回应说:"这个朋友的确有本事。你现在很热衷于交朋友,和别人聊天,了解别人的成长历程,妈妈觉得这挺好的,希望你能从中获取一些人生经验。但是妈妈又担心你结交了有恶习的孩子,沾染不良习性,这也是妈妈这次不同意你在外过夜的原因。如果对方是行为习惯良好的孩子,并且双方父母都同意,确认住宿的地点很安全,妈妈是可以同意的。"大鹏表示接受妈妈的说法。

周一的时候,大鹏又恢复了上学。

妈妈与大鹏的互动是全方位的,既有规则,又有灵活性,不仅仅聚焦在学习上,还关注孩子身心发展、交友、自我探索等多方面的需求。

大鹏妈妈做得好的地方有两点。

第一点是对于重要的原则性问题,例如网络使用、在外过夜等问题,绝不动摇,不被孩子的情绪或迷惑性的语言所左右,而且会竭尽全力地防止问题发生,例如威胁要通过警察来解决,对原则的执行力很强。

在和青少年拉锯的过程中,这种坚定和执行力是非常重要的。孩子对于突破边界有着天然的欲望和动力,他们会编出各种理由来说服家长,将他们的行为合理化。很多家长都有类似的体验,发现好像很难辩论过孩子,孩子说的很多理由似乎都很有道理,因此,很多家长就糊里糊涂地被孩子说服,界限就随之被突破。之后,家长可能会反悔,孩子就会觉得家长违反了规则,反倒被孩子抓住把柄,进而产生激烈的冲突,这样反复,整个家庭的规矩就会变得像一团糨糊。

因此，家长们要向大鹏妈妈学习，尽量不要和青少年进行对错的辩论，就只要告诉他们，这个年龄阶段的规则和界限是什么，这个边界是不能突破的，然后要能够抱持住孩子们情绪和语言上的激烈反抗，不动摇自己的原则和界限。

第二点是不把和孩子的冲突进行情绪上的负面泛化。在某个规则上有冲突，不影响妈妈对大鹏的人际探索尝试进行肯定和欣赏，不影响妈妈耐心、好奇地与孩子就青春期交友的问题进行深度、友好的探索。

更可贵的是，在和孩子沟通的全程几乎看不到妈妈负面的情绪化的反应。与此同时，也看不到孩子过度情绪化的反应。很多家长说，在亲子互动中，最害怕的就是孩子大发雷霆。殊不知，在孩子大发雷霆之前，孩子已经经历过家长无数次情绪的狂风暴雨了。孩子的反应大多数都是习得的，是后天父母无意识示范的结果。

三、拉锯的过程需要家长稳定和悉心的陪伴

在开始复学的初期，家长不要仅仅关注上学的时间比例，更要在保持自己情绪稳定的同时，和孩子增加感情和具体事情的交流，及时了解孩子的心理动态，对孩子进步的

地方及时加以鼓励，在孩子困难的地方想更多办法进行突破。只有这样，才能托住孩子，让孩子不在新环境里"沉下去"，将一个一个难点克服，促成孩子从量变达成质变的过程。

琪琪（化名）是个女孩，今年已经18岁，在休学一年后重返学校。

开学的第一个月，琪琪在努力逼着自己去学习，去适应学校生活。她常常处于矛盾中，常常会因为同学不经意的一句话烦恼半天，或者因为同学一个无意的眼神怀疑自己的能力。琪琪回家后的情绪也经常不稳定，动不动就向妈妈发脾气。她早上还常常因为一件不顺心的事影响心情，就不肯去学校了，然后跟妈妈争论了好久。

第一个月琪琪大概上了三分之二的课，而且在上学路上经常唉声叹气，妈妈没办法，只能装聋作哑。妈妈平静的陪伴虽然无奈，但也好于指责。

第二个月，琪琪甚至不愿意去学校了，对学习没有信心，有一次在家待了三天，基本上一直处于浑浑噩噩的状态，不学习，也不出门。妈妈后来回忆道："在那最无助的时候，我想无论怎么样，我还是不能失去自己的生命状态，所以该干什么就干什么，回家之后我做完家务就唱唱歌或者看一会儿书。"

妈妈的策略看似退缩，其实让孩子感受到的是妈妈基本还是接纳她的状态的，妈妈对她的复学很有耐心。而且妈妈的心情看上去也不错，家中的气氛也会不那么紧张，孩子在家里就会感觉到很安全。

有一天，妈妈在房间唱歌时，孩子也走进来跟着唱起来，她们甚至开始一起认真地练习吸气与音准。过了一会儿，她跟妈妈说，她最近没有信心学习，感觉很无助，感觉自己在同学眼里是个差生，有点不太能够接受现状。于是，妈妈就坐下来跟她分析现状，找对策：因为孩子好久没去学校，所以学习数学时有点吃力，课上有许多听不懂的知识，那我们就在家多做练习，从最简单的开始，搜集错题，有不懂的再去学校问老师；孩子语文、英语两门课的基础本来就是不错的，每天有针对性地学习英语，先从练习英语口语开始，语文方面多阅读文学性的书籍，另外学校老师布置的背诵的章节要及时背诵。

妈妈看似被动，实则一直在等待着孩子愿意交流的那一刻。只要机会一来，妈妈立刻给了孩子很多细致的指导。这样，孩子会感觉到虽然妈妈平时不主动表达，但是妈妈显然对她的学习情况了如指掌，妈妈是非常关心她的。

其实这时只有10天琪琪就要参加期中考试了，她有点担心时间来不及。妈妈说："要是和高考的时间相比，时间还来得及。尽管这次考试不会考出好成绩，但是总比不学强。所以现在开始准备高考还来得及。这次期中考试只不过是一次测试，不要在意成绩。一分耕耘一分收获，你没有认真投入学习，没有好成绩也在情理之中，坦然面对吧！"看得出，关于期中考试的成绩，妈妈显然早已经过周密的思考，妈妈的坦然心态一下子就消除了孩子过度的焦虑情绪。

从那天起，妈妈陪着孩子每天按计划在家学习。她学习，妈妈看书；她做完试卷，妈妈就依照答案帮她核对。她们每天忙得不亦乐乎，孩子的状态也越来越好。考试前一天，孩子说，估计两百分都考不到。妈妈说，没关系，学习的过程是细水长流的过程，你只学了10天，没有考出好成绩很正常，关键是接下来的坚持。结果全班50名学生，她的期中考试成绩是班里第30名。这个学校是本地的重点高中，老师说这个成绩可以达到二本分数线。孩子知道后更加有信心了。

妈妈的淡定情绪终于让孩子也淡定起来，逐步进入了学习的状态。应该为妈妈点一个大大的赞！

期中考试后第一个星期，琪琪又恢复了上学，虽然每天早上都迟到，但无论多迟，妈妈都鼓励她去学校，每天晚上都有效地陪伴着她学习。第二个星期开始，孩子每天在早读课前都去学校了。有时候，早上叫她起床时，她说："不想学习了，太苦了。"妈妈接着她话说："无论做什么事，都要吃苦的。你不想去上学，如果工作的话这个时候也该起床了。关键是你现在不吃苦，将来一辈子都要吃苦。如果你能考个好学校，找到比较好的工作的话，还有双休日可以休息。如果不上大学，只能做苦工，休息时间少，而且收入微薄。"听到这里，她一骨碌起床了，嘴里说着"我还是认真学习吧"。

在亲子关系好的情况下，有时候家长逻辑性强的说教也是能够起到影响孩子的效果的。

乐乐（化名）今年15岁，也是休学了一年之后，开始返校。

转眼已开学半个月，乐乐的状态在跌宕起伏中前进。因为好久没去学校了，她自己有担忧的情绪，不自信，不能融入集体，常常怀疑自己，上学路上一直在唉声叹气，妈妈只能无奈地沉默应对。有一天，妈妈担忧的事情还是发生了：早上叫她起床，她说自己没劲，不想去学校，想休息一天。这时候，妈妈的脑子里立即闪过一个念头，上次不去学校，她也是这么说的。妈妈立刻感觉天崩地裂，非常强烈的无力感袭来，想要放弃。后来妈妈马上跟自己的咨询师联系，咨询师让妈妈保持平静，不要发火，不要放弃，平静地和孩子谈，多谈优势。妈妈随即调整好情绪和心态，跟乐乐做了平静、理性的沟通。第二天，乐乐就去学校了。

妈妈回忆道："现在想起来我都觉得比较得意，如果换在以前，没有心理老师的正确指导，我依然用以前的方法对她，估计她又不去学校了。现在我明白了，越是面临糟糕的状况，家长越是要保持平和的态度。其实孩子的内心深处也是在挣扎着的，那时如果能够与孩子共情，并且能够鼓励她，当孩子得到力量后就会增强去学校的勇气与动力。"

妈妈在关键时候也需要心理老师的支持。孩子和妈妈其实是一样的，在每个小小的关键时刻，需要妈妈稳稳地陪在那里，稳稳地支持她，耐心地去除孩子心中的杂念，孩子就容易平静下来。

因为复学时进入了一个新的班级，孩子难免会不适应。有一天，乐乐回来跟妈妈讲，同桌的男生总喜欢把书放在她的课桌上，和这男孩说不要把书放在她的桌上，那个男生依然我行我素。乐乐觉得很苦恼，她问妈妈："是不是自己太计较了？"要是在以前，妈妈会让乐乐不要计较，说别人的东西放在她桌上说明她的桌上有空地，放就放呗。但是这一次妈妈跟孩子讲："你的桌子就是你的领地，如果你能够容忍就让他放，不能容忍你就不让他放，你自己解决。"

后来，乐乐回来告诉妈妈，她把那个男生的书放到讲台上去了，老师知道之后也批评了那个男生，现在他再也不敢随便放他的书了。一方面，她为被老师肯定而感到满足；另一方面，她也为自己的行为觉得扬眉吐气。

第二天，那个男生可能内心对乐乐有点反感，悄悄地把乐乐的试卷藏到了他的书包里。乐乐知道后，跟他说："感谢你帮我保存试卷，不过以后希望你能够直接放在我的抽屉里，否则我会误以为你故意不给我。"妈妈回应道："妈妈觉得你做得很好。而且妈妈从你讲话的语气和内容，感觉到我女儿其实是非常有力量的。你对自己的想法和判断非常有自信，妈妈很喜欢这样的你。"

在厌学之后复学的过程中，每一次家长和孩子互动的机会都非常重要。家长们在任何情况下，都要觉察自己对孩子的接纳性，哪怕这件事情和学习无关，也要耐心倾听，做出接纳性的回应。如果妈妈在孩子与同桌的纠纷中，按照以往的模式来进行说教，孩子可能对妈妈会产生抗拒心理。相反，由于妈妈改变了自己固有的思维和行为模式，鼓励孩子去维护自己的利益，反倒激发起孩子一连串积极有效的人际互动行为，增强了孩子自己处理人际关系的信心。妈妈也通过及时的表扬和鼓励，进一步拉近了和孩子的关系。

一天晚上，乐乐说上次她写的作文被老师作为范文在班上读了，老师说她的文章有深度，鼓励她明天在作文课上一定要好好地写作文。妈妈感到非常欣喜，抱了抱乐乐，说："你其实一直是个有很强的思考能力的孩子，妈妈以前忽略了，没有像你们老师一样好好欣赏你，妈妈以后要努力。"

妈妈对于孩子的进步，用强烈的身体语言来表达赞许，对于孩子是很受用的，家长们都应该学习这种方法。妈妈对孩子思考力的总结也是非常有力量的鼓励的语言。这些冲击性的积极表达，能够让孩子感受到被妈妈真正深度接纳的感觉。

妈妈后来总结道:"孩子重建自我的过程离不开父母的牵引。这么多年来,通过和孩子的相处我才发现我们自己有许多需要修炼和学习的地方。"妈妈还引用了一首诗来自我激励。

如果我能再次养大我的孩子

(英)黛安娜·仑曼斯

如果我能再次养大我的孩子,
我会先蹲下,
再温柔地诉说。
我会多将拇指竖起,
少用食指指点。
我会拿出更多微笑给孩子。
我会少用眼睛看分数表,
多用眼睛看优点。
我会注意少一点责备,
而去多一点关心。
我会将板着的脸收藏,
而成为孩子的玩伴,

跟着孩子一起跑到原野去看星星。

我会早早地将他推出门……

尽管我很心疼。

我会多拥抱，少搀扶。

我不再追求对权力的爱，

我会效法爱的力量。

如果……，如果，……

已经没有如果，

我不再后悔过往的行动，

从当下开始！！

四、拉锯过程其实是家长改变思维方式的过程

厌学孩子的心理状态非常容易受家长心理状态的影响。家长习惯性的负面思维方式，会主导家长自己的情绪和行为反应，也会不断对敏感的孩子产生新的打击。因此，家长要主动觉察和调整自己的思维方式，使之朝积极、健康的方向转化。其实，和孩子的拉锯过程，本质上是家长自己思维的拉锯过程。

康康（化名）已经在高二休学两年，今年是休学的第三

年，逐步开始恢复高三的学习。康康的父母关系原来是非常糟糕的，经常吵架。康康妈妈是个情绪化比较严重的人，不会和孩子沟通，常常花费很长的时间沉浸在自己的负面思维里。康康常年都生活在一个非常压抑的家庭环境里，他的思维也越来越负面。这也是导致他休学的一个重要原因。

康康产生厌学情绪导致休学之后，妈妈经过痛苦的反思，在情绪管理、与孩子沟通方面，已经有了很大进步。康康复学之后第三个月，妈妈去参加第一次家长会。以往妈妈参加家长会都是处于神游的状态，不投入，只是参加而已。因为之前妈妈的心思全部被自己大量负面的情绪掌控，完全无暇顾及孩子的发展，所以孩子在学习上基本得不到妈妈的理解和帮助。这次，妈妈的表现完全不同，她非常认真地听班主任和各科老师对孩子们情况的分析。

家长会有两个好消息、两个坏消息。好消息是：康康数学考了全班第一名；班主任说康康和男生们相处还不错，基本适应了新的班级环境。坏消息是：康康其他科目考得不好，但下滑还不算太厉害；英语老师对孩子上课的表现提出了严肃批评，让妈妈感到很不舒服。

由于妈妈习惯性的负面思维模式，当这些喜忧参半的信息涌入她大脑的时候，妈妈习惯于接受负面信息，屏蔽积极信息。她刚开始对这些反馈的反应是：她对英语老师非常不满，当着大家的面就说老师在教学上缺乏灵活度，还和老师争辩起来。然后，她自己被负面感觉所笼罩，觉得脑子里"一片黑暗"。进而，她觉得自己不应该和英语老师争辩，开始感觉极度后悔。

好在康康妈妈经过咨询和学习之后，已经有了一定的反思能力。家长会结束后，她定了定神，从习惯性的负面情绪中摆脱出来，开始从积极的角度进行思考：孩子数学成绩名列班级第一，和同学们相处融洽，难道这两点还不够好吗？其他学科虽然有下滑，但基本还是稳定的。孩子的英语成绩落后主要是由于孩子和老师在沟通上存在问题。虽然原来期待孩子各科成绩都有大幅度提升，但是，孩子刚开始复学，这个阶段还是要有更实际的期待才合理，不能着急。

复学前，妈妈还想让孩子进入更好的班级，在孩子的强烈反对下，才进了现在这个班。现在看来，这三个月孩子能基本适应新班级的学习节奏，和这个班级的竞争压力不大也很有关系。孩子的成绩靠前一些，就有更多的力量去适应班集体。班主任对孩子也很不错，这也是一大优势。

这样想着，康康妈妈就给孩子的微信发了一条信息："儿子，你很棒，是班里的数学状元！"积极的思维使康康妈妈采取了积极的行动。

回到家后，康康妈妈看到康康很轻松、开心。他主动和妈妈说话，好像是第一次对妈妈产生了信任感，这完全出乎妈妈的意料！

康康为什么有这样的反应呢？

妈妈传递出来的喜悦情绪和接纳是关键因素。大家想象一下，如果妈妈在回家前没有做思想建设，依然带着和英语老师争辩的怒气、对孩子各科成绩没有达到期望值的失望情绪回家，会是什么结果，对孩子将会又是什么样的影响。

于是，妈妈写下了下面这些话进行反思：

"我想我给孩子发的这条信息，是对他期中考试的认可，也是对他这个人的肯定。我故意放大了他在数学方面的亮点。一条微信信息怎么会给儿子带来这么大的喜悦情绪呢？或许是因为我以前真的很少肯定他。虽然我知道我应该肯定他，但是很少能做到。我做不到可能是因为妈妈在我小时候也很少肯定我吧。

"所以如果要做到经常肯定他，需要做一个计划督促自己：那就每天睡前肯定他，然后摸摸他的额头，让他做个好梦。

"我和孩子之间亲子关系的三个层次：（1）接纳。我基本能接纳孩子的各种情绪了；（2）赞美。这一点是目前我计划着重做的；（3）相信。信任他，对他的暂时不尽如人意的表现不焦虑，是我要修炼的。"

除了对情绪层面的反思，康康妈妈还写道：

"我以前一直没有在孩子的家长会上用心，这次我找每个老师沟通，详细询问孩子在课堂中的状态，还跟老师们具体探讨了高考试卷题型的做题方法。我发现有的老师自己也没有思路。所以，对于孩子学习成绩的提升，作为家长，也不能过于依赖老师，也需要主动帮孩子找更好的资源。

"我要对孩子有合理的符合他自己未来发展的期待，给孩子温柔而稳定的充满爱的支持，这样孩子就会一天天好起来。"

我观察这位妈妈一年的时间，她进行了无数次上面这样的反思。有时候，虽然她的反思很好，但是当她遇到具体的事件时，常常会退回到原地。但是，也许是因为妈妈一点点小小的进步的积累，也许是因为孩子也看到了妈妈的各种挣扎和努力，孩子最后竟然顺利完成了高考，考上了一所二本大学，完成了人生最大的一次自我跨越。

在孩子复学的过程中，家长会面对自己内心很多观念上的冲突和纠结。这些冲突，比如家长和孩子在对待金钱的观念、看待一些活动的意义和价值等方面的冲突，处理不好会变成令人非常烦恼的事情；处理得好，则会产生神奇的力量。有个初中的女生，处于厌学恢复期，断断续续开始在家补课。为了帮助孩子放松心情，妈妈会时不时带她去逛逛街。孩子每次到商场里，就要去抓娃娃。这个孩子比较沉稳，定力好，抓到娃娃的概率很高，每次抓到后就欢呼雀跃。在艰难的复学过程中，这样的欢乐情绪实在是很值得珍惜的。因此，妈妈还比较支持孩子抓娃娃，每次去商场抓娃娃基本要花一百元左右。开始妈妈还有些心疼钱，后来看到孩子每次抓到娃娃后的那种满足感，就下决心让孩子抓个够。结果在半年中，孩子差不多花了3000块钱，抓到了一百多个娃娃。后来孩子突然不想抓娃娃了，说已经抓够了，这是已经被充分满足了。

总体上来看，孩子的情况在明显好转，在这半年里，她已经开始上学了。妈妈的体会是：在经济允许的范围内，给予孩子无条件的宠爱，也是对于孩子无形的支持。其实这个孩子在其他方面是非常节省的，妈妈这样的思维方式给了孩子很大的心理空间，让孩子充分享受了抓娃娃的乐趣。如果妈妈口头上说可以，但是内心还是心疼钱，或者认为这种低级活动对学习没有任何帮助，孩子对来自家长内心的这些否定想法是能够感受到的，所以孩子抓完娃娃后，内心就会产生很大的内疚感。这种内疚感一方面可能会转化为自责，加重厌学和抑郁的情绪；另一方面，因为感受到妈妈对自己的不接纳，也可能转化为对母亲的愤怒，向母亲直接表达，母亲也可能会被激怒，心里想"我都花这么多钱了，你还不感激。这种活动有什么意思，对学习一点帮助都没有！"，这样就会再一次形成亲子之间的冲突。

如果孩子处于正常的学习状态，这样放肆地抓娃娃应该是需要家长去管理和制约的。但是对于处于复学初期阶段的孩子来说，家长就不能用通常的价值标准和行为标准对孩子的行为进行评价和管理，而是要具体分析这个行为在此时此刻对于孩子是否有价值和好处。

对于处于厌学阶段的孩子们来说，他们情绪好的时候不多，专注于某件事情的时间也不多。如果有一些活动，例如抓娃娃、养宠物等，能够让孩子专注地沉浸其中，体验到放松、愉快的状态，那么这种活动对于孩子的康复就是有很大好处的。为什么很多家长看到孩子开心，内心就会特别焦虑呢？家长们要记住，孩子喜欢玩耍和孩子不喜欢学习是两件没有关系的事情，这需要家长及时觉察。这种焦虑会阻断孩子的放松的心流，也会阻断你和孩子的情感流动。所以，请家长们"疯狂"起来，找个时间，准备一千块钱，和孩子一起抓一天娃娃，看看会发生什么。如果孩子喜欢小动物，家长可以花半天时间陪伴孩子一起和小动物玩耍，看看在这个过程中，你和孩子能够找到多少共同语言。

五、帮助孩子应对挫败事件

在复学的过程中，有时会发生一些对孩子心理打击比较大的特殊事件，对孩子的心理状态可能会造成很大的影响。这时候，家长需要高度重视，投入更多的时间、精力来和孩子一同面对。

小文（化名）是一名初二的男生，已经休学一年。目前他部分恢复了学习状态，每天自觉地去补习班上课，他的成绩也在一点点上升。不料两周前，因为约会心仪的女孩失

第七章　实施复学拉锯（下）

败，他的心情变得很糟糕，无心学习，所有的补课计划都被打乱。上个周三（约会的前一天）他因为心情激动没去上课，约会的当天非常受挫，所以他回家后猛玩游戏到半夜（他已经有两个月没有玩游戏了），家长也不敢管他。之后他连续三天没有去补课，白天在家打一会儿游戏，就蒙头睡一会儿，也不和家长说话。周一小文上了一天课，晚上回到家后他的情绪仍旧非常糟糕，半夜发微信信息告诉妈妈他不想上课了。早晨起床之后，他还是一直处于糟糕的情绪之中，对妈妈说他很累，说自己是个彻头彻尾的失败者，最近做什么都不顺。他的情绪低落，焦虑不安，不愿主动请假但又不想去上课，他还希望妈妈不要去上班，陪陪他。

按照小文妈妈以往的脾气，遇到这种情况，她不但会冷言冷语，断然拒绝孩子的要求，还会逼着孩子去上学，一定会和孩子发生冲突。但是现在，她经过学习，已经改变了很多。妈妈先是简单安抚了孩子几句，发现没有什么效果，意识到失恋的事情给孩子的影响不小，就立刻给补课老师打电话请了假，同时也给自己单位领导打电话请了假，让孩子知道妈妈非常重视他的需求，也愿意在他需要的时候，安心陪伴他。

妈妈坐在小文床边，先聊孩子感兴趣的话题。孩子希望将来上大学后能够买台顶级配置的电脑，妈妈表示支持这个想法，他们还讨论了如何分步骤攒钱去实现这个目标。随后，孩子自己把话题转移到了两个月后正式回学校上课的目标上，还对明年重点高中和普通高中的分数线进行了讨论，包括体育成绩，最终确定还是要规律生活，一点点向目标迈进。对于被女孩子爽约的原因，小文也给妈妈说了一点儿，没有深谈。但是妈妈肯定了他眼光很高，对自己喜欢的女孩子有一定标准。对当前这件事，妈妈委婉地说明他自己必须努力才可以被别人看得起。孩子没有反驳，应该是听进去了。这次谈话一直持续了近四个小时，有时候，孩子听了有些话心里会不高兴，就不说话。过了一会儿，小文和妈妈都平静了，就接着继续谈话。有一段时间，他们就天马行空地评论一些时事政治和热点新闻，谈得很投机。他也和妈妈谈到他在去年刚休学时那段最黑暗的时光的感受，以及度过那段时间的过程。最后，对目前补课出现的困难，小文和妈妈商量了解决方案，由妈妈和补课老师去沟通。经过这四个小时的深度交流，小文的焦虑情绪明显缓解了很多。吃完午饭，孩子就平静地去补习学校上课了。

第七章 实施复学拉锯（下）

在复学初期，孩子的情绪是很不稳定的，容易受到外界事件的干扰，如果处理不当，孩子又会陷入自我否定的泥潭，把刚刚复苏的学习动力和信心再次压制下去。因此，在这个阶段，当孩子遇到挫折的时候，家长平静、接纳的态度非常重要，因为这是孩子重要的情绪稳定剂。当事情发生之后，再重要的事，家长都要放下，要专注于孩子的困难和需要，想办法帮助孩子去处理和解决问题。深度交流在这个时刻显得尤为重要。

甜甜（化名）是个初一的女生，休学一年，最近状态好转，刚刚开始出门补课。不料，甜甜养的猫咪趁保姆出门从家里溜了出去，有两个晚上没有回家了。甜甜特别喜欢这只小猫，养了两年多了，对这只小猫感情很深。甜甜非常伤心，连续两个晚上因为担心小猫没睡觉，情绪不稳定，补课也暂停了。

妈妈也很着急，很担心因为这个事情导致孩子情绪低落，影响复学的计划。于是妈妈特意请了几天假，在家里陪孩子。白天两个人一起到小区里找猫，还去物业仔细查看小区的监控录像。猫的身形太小，而且监控视角受限，只能看到小猫确实是走出大楼了，但是完全看不到后来的画面。于是妈妈和甜甜一起回家制作了寻猫启事，打印出来，贴在小区里，还到附近小区张贴。在后面几天里，妈妈、爸爸主动承诺每天早晚两次和她一起去小区寻找，而且承诺一直会陪着她一起坚持找下去。

  妈妈认为，虽然对一些大人来说，可能丢了一只猫不是大事，但是对孩子来说，她爱猫的情感无论如何是值得被大人重视并保护的。甜甜本来不喜欢主动和陌生人打交道或者说话，但是在寻找小猫的过程中，孩子全神贯注，主动去问所有可能看到小猫的保安、小店店主、流浪猫的喂食者，而且在整个过程中甜甜都很有礼貌。妈妈觉得这个经历好像一下子让孩子长大了很多。连续四天，每天早晚两次，每次两小时，妈妈或爸爸带着甜甜在附近寻找。甜甜一次又一次地鼓起勇气和陌生人说话，最后失望地抹着眼泪回家。之后，甜甜再一次去发寻猫传单，爸爸妈妈都对她的这种坚韧的精神感到很惊讶。后来，爸爸还出了一个主意，花了1000块钱，请了专业的捕猫人员，在小区里搜寻，但是还是没有找到丢失的小猫。没想到的是，第六天晚上小猫自己跑了回来，甜甜立刻破涕为笑。甜甜非常开心，爸爸妈妈心里的石头也落了下来。

经过这件事情之后，甜甜和爸爸妈妈之间更加信任了，感情更深了，彼此的沟通也顺畅了很多，以往彼此小心谨慎的状态消失了，家庭气氛热闹了很多。甜甜又恢复了补课，学习劲头明显更大了。

孩子的感受和诉求被家长接纳、允许和支持，家长全力以赴帮助孩子解决困难，孩子在家长的支持下专注地解决问题。丢猫事件更像是一次孩子从厌学到复学的心理演练过程。

家庭作业：

1. 制订你家孩子的复学计划。

2. 回忆三次家长与孩子进行成功拉锯的过程，总结成功的原因。

结语

重塑关系，面向未来

在家长帮助孩子克服厌学心理的过程中，

会产生新型的家庭关系，

让家庭重返爱之路。

有爱的关系，

才是有效的关系，

这将成为家庭中每个成员终身发展的建设性资源。

一、重建依恋是改变厌学的核心

孩子厌学对所有家长来说，都是一场突如其来的噩梦。家长和孩子在慢慢走出这场噩梦之后，在相互见证了自己无数的眼泪和一点点增加的喜悦之后，他们第一次能够深深体验到，什么是真正的家庭的爱的关系，什么是在爱的基础上发生改变的奇迹。

经历了风雨之后，孩子突然变得安静、自律、专注，而且体贴父母；妈妈们最大的改变就是对自我情绪化的觉察和管理，在任何风浪面前，都变得镇定而有智慧；爸爸们则不再抓狂，他们的心能够和妈妈贴得更近。大家各安其位，又其乐融融。

在此我们来回顾一下在本书前言中对厌学下的新定义：在孩子在学校学习的过程中，家长没有能力帮助孩子克服学业或人际方面的困难，导致孩子无法继续接受有效的学校教育。

我们要反思，究竟是什么让父母支持和帮助孩子的能力缺失了呢？从理论上来说，父母自身的不安全型依恋是罪魁祸首。所谓依恋关系，简单来讲是指在小时候与自己的父母形成的情感互动模式。在不安全的依恋关系之中，孩子和父母的情感互动模式是不稳定的、破坏性的、带有负面倾向的。

在关系的重建过程中，父母需要考虑的是，在孩子长大之后，当回想起自己的家庭，有哪些记忆能够让他感到温暖、安心和有力量，他会因此而感恩；有哪些记忆唤起了他愤怒、孤独和绝望的情绪，他可能会因此而感到内疚。

前一种对家庭的记忆和感受，会让他专注地发展他的能力，拓展属于他的世界，为周围的人做出贡献；也能够让他在家庭中把同样的心理能量传递给自己的孩子。

后一种对家庭的记忆和感受，会终身消耗他的心理能量，让他不断地停下本应向前的脚步，回过头来试图用回忆的目光去疗愈内心的伤口，这种消耗让他也无力去更好地对待自己、发展自己，也无力去更好地爱自己的孩子。如果不加处理，这种损伤性的关系会代代相传，这似乎就是所谓的"命运的轮回"。

父母在小时候形成的依恋关系模式，在他们长大后，会带入到他们自己和孩子互动的关系中去，而且往往会重复以往的模式。这种模式常常会在父母和孩子日常的对话中、处理问题的互动中、面对困难的冲突中不断重复。

有位妈妈有感而发：

> 妈妈对着孩子发飙
>
> 妈妈发飙的原因
>
> 其实并不是因为孩子
>
> 而是因为妈妈自己
>
> 因为从小自己的妈妈对自己发飙
>
> 而积攒在心里的
>
> 愤怒

我们来看一小段在不安全依恋背景下的对话：

（孩子看电视时间太长，妈妈干预孩子。）

女儿："妈妈，你是不是讨厌我？"

妈妈："爸爸妈妈在担心什么，你不明白吗？你现在什么都不用担心，有妈妈给你做饭、热牛奶，妈妈会一直做到死。妈妈不在了就没办法了,你以后怎么办。"

女儿:(沉默。)

如果经过学习和咨询,这段对话可以修正为下面的对话:

女儿:"妈妈,你是不是讨厌我?"

妈妈(拥抱一下孩子,温和地看着她的眼睛):"宝贝,妈妈非常爱你,你这么问妈妈,说明妈妈可能有些事情没做好,让你担心妈妈是否是真的爱你了。可以和妈妈说说,是什么事情让你有这样的担心?"

妈妈:"爸爸、妈妈见你看电视时间有点长了,担心对你的眼睛有影响,会让你视力下降,任何让我宝贝受伤害的事情爸爸妈妈都不允许。"

在第一段对话中,孩子可能因为感知到来自妈妈的攻击,就表达了对攻击的不安,妈妈紧接着用攻击回应了孩子,让孩子最初的感知得到了证实。母女两人共同进行了一次负面情绪的相互攻击,促进了双方焦虑的升级,造就了一次不安全依恋的过程。

不安全依恋会导致亲子关系和夫妻亲密关系的长期失调，进而造成两个后果：一是孩子逐步形成低自尊、低自主性的自我状态；二是当孩子遇到学业或人际困扰的时候，无法获得家长的有效帮助。长期处于不安全依恋关系的孩子，容易产生内外交困的情境，从而导致厌学情绪。

在第二段修正过的对话中，妈妈用稳定、理性、积极的视角去回应孩子的攻击，让孩子感受到了来自母亲的爱与温暖。这段对话阻断了孩子对来自母亲的攻击的预期，使孩子接收到有爱的、积极的、建设性的回应，预期的焦虑没有发生，双方成就了一次小小的安全依恋的互动。

厌学的克服、学习动力的复苏，最终只能通过亲子之间关系、夫妻之间关系的改变，通过家庭成员之间对话模式、互动模式的改变，将原来习惯性的、会高度唤醒负面情绪的模式改变，才能实现。让行动去传递关心和爱，而不是用愤怒和恐惧表达自己的想法。通过爱的情感传递关心和爱，而不是用大人的要求、命令或负面情绪来表达。这样，才能逐步增强孩子内在的安全感，摆脱恐惧和焦虑，一点点补充丢失的自信心，一点点增强自我的效能感，慢慢恢复学习的动力。

在全家改变的过程中，家长的改变是核心。应该说，是孩子给了父母一次重生的机会。很多家长在人生第一次接触心理学，第一次被迫对自己的人生进行反思，第一次意识到自己小时候与父母的情感互动体验居然会如此强烈地影响自己和孩子的互动。

愿意改变的家长是勇敢的，他们开始学习用一种全新的方式来和孩子建立关系。

家长们一次次被孩子激怒、又一次次提醒自己觉察；家长们一次次尝试温柔地坚持原则，一次次主动降低情绪反应的强度，逐步能够平静地对待孩子激烈的情绪震荡；家长们第一次向孩子道歉，也第一次看到了孩子委屈的眼泪；家长们第一次能够和孩子一同直面抑郁的情绪，而不是回避，第一次和孩子一同体验痛苦，而不是被孩子的愤怒所激怒；最后，家长们第一次在耐心的"煎熬"中，成功地等到孩子从狂暴的情绪中恢复到平静的状态。

在一次次的努力之后，家长渐渐发现，自己对孩子的认知改变了，开始能够更容易接纳孩子的各种特点了，能够更容易看到以往视而不见的孩子的各种闪光点了。对于孩子的极端情绪，家长不是感到讨厌而是开始对这些负面的情绪好奇了。对于孩子的攻击性，家长开始觉得孩子能直接向外表达自己的情绪，至少降低了孩子产生抑郁的可能性。看到孩子出尔反尔，家长也不会马上进行批判，而是会意识到也许孩子对行动还没有准备好，内心还有恐惧，对孩子有了更深的同理心。

对孩子的认知改变之后，家长的情感反应也相应改变了。家长以往对孩子习惯性的愤怒、委屈、难受和憎恨逐步被对孩子的忍耐、包容、平静、温柔的坚定所取代。

情感改变之后，家长的语言反应也改变了。家长对孩子的语言表达变得更加平静，对孩子更愿意接纳、倾听而不是说教。家长能够和孩子进行更多回合的"乒乓式"辩论，更有耐心进行不紧不慢的拉锯。

家长和孩子的关系也从对抗变为亲密。亲密的标志是孩子越来越愿意与家长对话，家长能够和孩子进行越来越多的深度沟通。亲密是亲子之间内心的深刻共鸣感。

无论是家长还是孩子，都逐步体验到了新的积极情绪被唤醒，过去习惯性的负面情绪在一点点消散。

孩子体验到的是一种更为接纳、稳定、愉快、安全的心理环境，他就有更多的能量去重新开始对外界的探索。这样，孩子的自主性就能逐步显露出来。这时候，不但继续需要父母提供稳定的情感支持，还需要父母提供各种策略和方法的支持，尤其要对孩子每一个小的进步给予大大的肯定，让孩子的自信一点点地重新恢复。到了这个阶段，阻碍孩子复学最困难的内在动力部分就被克服了，后面只需要再克服一些常规困难。当然，家长也要做好情况反复的准备，但即使有反复，只要遵循上面的规律，问题依然能够很快得到解决。

二、家庭复兴的法则

为了帮助孩子走出厌学的情绪和状态，家长前面所做的工作，无论是反思、柔化还是拉锯，都希望能够在家庭中建立有真爱的关系。那么什么是真爱的关系呢？美国心理学家斯科特·派克曾经说过，真正的爱需要有两个条件：首先爱是一种行动，而不是抽象的意愿，所以如果家长只有爱的意愿，没有爱的行动，那就不是真爱；其次，真爱的行动要能够达成双方精神上的成长。

"六步法"就是为了达成家长与孩子双方精神上成长而采取的具有真爱的行为的方法。"六步法"试图通过唤起家庭成员新的依赖关系应对策略，突破厌学带来的家庭和个体发展的不适应和停滞。"六步法"是对众多孩子厌学现象的一种善意的回应和诠释。与其说"六步法"是帮助孩子解决厌学问题，不如说"六步法"是帮助家长找到具有对孩子的真爱的相处之道。

我深知，"六步法"的思考和行动方法，只能是部分厌学情况的化解之道，并不能涵盖全部。

厌学、网瘾、抑郁似乎是青少年们给家长和社会出的一道大大的难题。我们从未想过，也许这也是一次机会。就像斯芬克斯之谜，答错了，全家都会被"吞噬"；答对了，全家就会升级进入一种更积极的生命状态。很多厌学的孩子都有着较高的智商和敏感的性格，从这个角度来讲，这些厌学的孩子，似乎是带着某种社会的使命前来，让家长们有机会看到自己生命的盲区。

整个社会对青春期的认知还处于一种非常原始的阶段，表面上看，青春期的孩子给家庭带来大量的不确定性，大量对父母思维、生活方式的抗拒和挑战；从家庭系统的角度来看，青春期的孩子敏锐地感知到了他们的上一辈未曾解决的精神难题，以及整个家族传递下来的深深的痛苦的印记；同时，青春期的孩子也给了父母一次，也是唯一的一次机会，去重塑他们的精神生命结构，实现家庭的复兴。

在完成"六步法"的过程中，厌学孩子的父母们还需要完成以下七个任务，孩子们才能放下之前各种情绪上的羁绊，展开自己的翅膀，飞向属于自己的天空。

第一，真爱。家长们要让自己的孩子感受到他们是真正被爱着的，被以正确的方式爱着的，尤其是被妈妈无条件、健康地爱着的。母亲对孩子的真爱是最为重要的。

第二，担责。孩子的问题主要是父母在整个养育过程中的不当言行造成的，不是孩子的责任，家长需要把责任完全地担当起来。

第三，爱己。父母，尤其是妈妈，要努力学会爱自己，让自己的生活真正变得美好，美好得让孩子看到妈妈每日发自内心的真正的微笑。妈妈哪怕有一点点痛苦，都会撕扯孩子的心，让孩子没有力量离开家庭。

第四，守中。爸爸在教育上最大的作用是支持妈妈，让妈妈有被爱、被接纳和被支持的感觉。爸爸如果在家庭教育中处于过于主导的地位，拒绝、排斥妈妈的作用，就是一种僭越，这是不适当的。

第五，原罪。有时候，因为由于妈妈自己在依恋关系上的巨大创伤，使得孩子的存在本身就会给母亲带来非常大的痛苦，孩子内心也能够清楚地感知到这个爱的悖论。所以在必要时，孩子会为了母亲牺牲自己的生命。觉察和臣服可能是母亲唯一的策略。

第六，赋能。孩子的痛苦需要全家一起来支持，不断给予积极的关注和重塑，让孩子感受到自己的力量与独特性。

第七，告别。妈妈通过努力，终于可以轻松地告诉孩子：妈妈爱孩子，相信孩子，会永远支持孩子，并且妈妈很开心，生活得很好。这样，孩子就能够放下包袱，离开家庭，建立属于他自己的世界。

上面这七条中的每一条都很重要，只有这七条都做到了，厌学问题才能真正解决。

最后，我请大家重温电影《安德的游戏》。当地球面临外星生物挑战的时候，地球人必须依赖青少年中的精英来对抗来自外星球的威胁，原因是青少年有更为迅捷、全面的反应速度来操控电脑作战系统。我相信，随着时间的推移，我们对青少年的认知必将发生天翻地覆的改变，我们会发现，在他们身上有着远远超越成年人的智慧和力量。青少年将成为生命的核心阶段而被加以高度重视，而不是目前被成人教训和打压的混沌阶段。他们不是成人的奴隶和随从，我们要对他们充满敬意。

青春期的孩子非常喜欢谈论死亡。他们对死亡的理解与大多数成年人是不同的，对他们来说，精神上的无意义即意味着死亡，精神上有意义才意味着生存。他们在有限的青春期的时间窗口期，试图用他们对生命的理解与现实进行碰撞，如果现实足够宽容，他们就能够给现实带来巨大的有价值的能量。

因此，对于厌学的孩子们，我们要多一点宽容，给出我们的敬意，让他们活跃、高能量的精神能够感受到生活的意义和价值。

在一次案例讨论会上，我的一位同事描述了一幅抑郁症孩子画的画：

> 暗淡的画面上，
> 躺着一个面色苍白的孩子，
> 双眼已经闭上，似乎已经死去。
> 双手掰开了自己的胸膛，

里面露出

蓝宝石般、

璀璨、

耀眼的、

繁茂的星空。

每次我向家长们描述这个画面,他们无不动容、掩面而泣,似乎看到了自己的孩子,也似乎看见了他们自己。